AUTORES

Jesús Hernando (Barcelona, 1977)

Es licenciado en Administración y Dirección de Empresas por ESADE y Master en Business Administration especializado en finanzas. Ha desarrollado su carrera profesional ligado al mundo de la asesoría financiera y la banca de inversión, donde ha participado en numerosos proyectos de M&A, salidas a bolsa y refinanciaciones de deuda.

Empezó como auditor de Pricewaterhouse & Coopers y posteriormente, se incorporó al departamento de Corporate Finance de Grupo Financiero Riva y García. Ha trabajado en el Deutsche Bank como asociado del departamento de Corporate & Investment Banking. Actualmente es socio-director de ONEtoONE Capital Partners.

Como docente colabora con el departamento de finanzas de ESADE donde ha sido profesor de programas como el Lic&MBA, el MBA part-time y el Master de Corporate Finance. Además, imparte programas de postgrado de la Escuela Superior Balear.

Es coautor del libro *Estructura financiera de las empresas familiares en España*, editado por el Instituto Español de Analistas Financieros.

Oscar de Benito (Palma de Mallorca, 1977)

De Benito ha estudiado Pedagogía y es diplomado en enfermería. Cofundador y cooperante de la ONG NouSud con la que ha trabajado en Paraguay como profesor y enfermero rural. Actualmente es enfermero de salud mental de una unidad de agudos de psiquiatría, además de profesor en la Universidad de las Islas Baleares (UIB).

Ha escrito algunos libros de cuentos y novelas entre los que destacan *Mentiras del Bosco*, una novela histórica sobre el pintor holandés El Bosco, y *Geometría del precipicio*, un conjunto de relatos en forma orgánica sobre sus experiencias en un psiquiátrico.

Ha publicado un relato corto titulado *Ilusiones* en la Revista "Papers de Son Llàtzer" de abril de 2009. Otro relato suyo, *Doctor muerte*, le ha valido el primer premio del III Concurso de Narrativa Breve del Hospital Son Llàtzer 2008. Y su cuento *Mariposas viejas* se ha hecho con el primer premio de cuentos del XX Congreso Nacional de Comunicación y Entrevista Clínica Semfyc 2009.

La Ambición del Ave Fénix

**JESÚS
HERNANDO**   y   **ÓSCAR
DE BENITO**

La Ambición del Ave Fénix

Objetivo IBEX-35

Editorial
E HERBE

www.editorialherbe.com

ISBN: 978-0-578-03047-0
Depósito legal: PM-336-08   00/2009/1986

Para Sandra y Carol, nuestras anclas y con las que compartimos un pedazo de nuestra alma

La historia, que tiene la dolorosa costumbre de repetirse, ha enseñado a la humanidad que el exceso de especulación termina invariablemente en exceso de contracción y penuria. Si la orgía especulativa sigue adelante, el colapso final no sólo afectará a los especuladores, sino que provocará una depresión general que afectará a todo el país.

PAUL M. WARBURG (1868-1932), fundador de la Reserva Federal de EEUU.

Índice de capítulos

Capítulo I: El sueño 15

Capítulo II: El proyecto 25

Capítulo III: Los actores 34

Capítulo IV: La mentira 43

Capítulo V: La batalla 61

Capítulo VI: Los inversores 101

Capítulo VII: Plegarias atendidas 120

Capítulo VIII: Crisis 132

Capítulo IX: La caída 149

Capítulo X: El Ave Fénix 156

Capítulo I: El sueño

-Voy a llegar el primero –dijo Mario.

-Nunca sé cuándo mientes o bromeas –contestó Andrés.

-¡Déjate de rollos, te voy a machacar!

-¿Apostamos algo?

-¿Qué tal 200 euros?

-Hecho.

-Hecho.

Se dieron la mano y comenzaron a descender por aquella empinada ladera. Eran buenos esquiando y necesitaban constantemente esa sensación de adrenalina surcando sus venas. Frente a ellos se abrió paso la blancura de la nieve y los árboles teñidos de blanco. Sintieron la velocidad clavándose en la piel mientras la sangre bullía. No eran los 200 euros. Dios sabe que ninguno los necesitaba. Era la apuesta, la sed de victoria y el fantasma del fracaso, lo que les impulsaba a competir como lobos furibundos. Parecía que Mario llevaba una ligera ventaja, pero enseguida Andrés se aplicó a fondo para alcanzarle: flexionó aún más las rodillas y adoptó una postura, si cabe, más aerodinámica. No tenía miedo, sólo la necesidad de ganar.

Andrés Canals poseía una inmobiliaria que había heredado de su padre, mientras que Mario Anglada era banquero de inversión de una importante entidad. Se habían conocido hacía un año y ya eran buenos amigos, siempre que se pueda decir "amigos" en ese mundo de tiburones que son las finanzas.

Pero ahora se encontraban descendiendo a toda velocidad una de las laderas más peligrosas del circuito. En ese momento Andrés le sacaba un cuerpo a su contrincante. Sin embargo la cosa se complicaba. El terreno era irregular. La nieve cambiaba de textura y nada estaba claro en la carrera. De pronto, Mario asomó por la izquierda y en cuanto pudo se cruzó por delante de Andrés, obligándole a frenar. Andrés, por su parte, rozó su bastón de esquí contra las piernas de Mario, haciéndole tambalear y perder el equilibrio.

Cuando llegaron a la meta no estaba muy claro quién había ganado. Aunque, por supuesto, los dos tenían una teoría al respecto.

-Te he machacado —dijo Mario derrapando y luego levantándose las gafas.

-¿Es que además de lento eres ciego? —dijo Andrés- Aquí el único ganador indiscutible soy yo.

-¡Y una mierda! ¿Cómo vas a ganar con ese equipo barato que te has traído?

Entonces Andrés se sacó un guante "Burton" que le había costado un ojo de la cara (su mano comenzó a percibir el frío que azotaba el lugar) y se lo arrojó al banquero.

-Esto requiere un duelo más serio —dijo.

-Cuando quieras —contestó Mario recogiendo el guante.

Y empezaron a reír. Lo estaban pasando realmente bien. Y es que tenían algo en común: ambos querían llegar a lo más alto. Curiosamente desde aquella montaña nevada podían ver con claridad su futuro. Además del hotel donde se alojaban. El paisaje era ciertamente hermoso. Picos nevados. Árboles. Naturaleza. Allí, ambos habían decidido pasar un fin de semana para hablar de negocios.

La idea que tenía Andrés para triunfar era hacerse el líder del sector inmobiliario. Pero no podía hacerlo solo.

Necesitaba inversores, capital y amigos poderosos. Y aquí intervenía el banquero. Él debía proporcionarle todo eso. Por su parte, Mario pretendía utilizar a Andrés para hacerse rico, facilitando que su banco le prestase dinero y conseguir así comisiones millonarias. Lo habían esbozado entre líneas en multitud de ocasiones, pero nunca habían concretado nada. Hasta ahora.

Por la noche cenaron en un restaurante de lujo y luego se fueron a tomar una copa. El bar del hotel estaba en la última planta y tenía vistas a la montaña. Era uno de esos bares de aspecto rústico decorados con madera añeja y piedra viva. Había velas en cada una de las mesas y los camareros vestían de esmoquin. Decidieron empezar con algo fuerte, whisky. Durante la velada hablaron de mujeres y de vinos; de restaurantes y de náutica; de aviones privados y de viajes. Andrés dijo que ya tenía cuarenta años y que iba siendo hora de comprarse un jet privado:

-¿Sabes?, estoy pensando en comprarme ese jet privado del que tantas veces hemos hablado.

-¿Y qué te detiene? –preguntó Mario.

-El dinero, por supuesto.

-Tu empresa va bien, tenemos los números. No tienes que preocuparte por nada.

-Me gustaría pedirlo ya. Hay una lista de espera de tres meses.

-Hazlo –le insistió Mario-, ¿a qué esperas?

-Lo tengo todo pensado, hasta el último detalle. Los asientos de cuero. Una televisión de plasma de cuarenta y dos pulgadas. Despacho. Bar. Equipo de alta fidelidad. Cocina.

Mario le quería contento. Por eso le animó a encargar el jet. Sin embargo, mientras lo hacía, pensaba en realidad en su comisión.

-No lo pienses –dijo-, yo, por mi parte, ya le tengo echado el ojo a un yate de treinta y cinco metros de eslora.

-Desde luego con algo así te posicionarías bien en el ranking de yates este verano.

-No te creas, ya van por los sesenta metros. Pero eso ya no es un yate, es un trasatlántico. En fin, por el momento para mí es sólo un sueño.

-Tal vez lo consigas antes de lo que crees –contestó el empresario, que levantó su copa para brindar por los sueños.

-¡Por los sueños! –dijo.

-¡Por los sueños! –le secundó Mario.

Y bebieron. Y tras el trago se quedaron en silencio.

-Háblame de ti –dijo Mario-, ¿cómo levantaste tu fortuna? Nunca me lo has contado en detalle.

Andrés le explicó que sus orígenes eran humildes. En realidad sus padres no eran ricos, sino unos agricultores que poseían algunas tierras que trabajaban con el sudor de su frente. A golpe de azada, el padre de Andrés pudo comprar maquinaria y tecnificar su trabajo, y más tarde fue capaz de contratar jornaleros y obtener más rendimiento. No es necesario decir que Andrés heredó la tenacidad de su padre, pero su destino no estaba en la agricultura. Eso lo sabía el joven Andrés, y en cuanto pudo convenció a su padre para que le permitiera ir a la universidad a estudiar dirección de empresas. Petición a la que el viejo accedió. Mientras tanto, continuó con sus negocios agrarios.

Como la empresa dependía de intermediarios para colocar sus productos en los mercados, el padre decidió comprar su propio transporte para conseguir mejores precios. Aquella iniciativa significó camiones, almacenes y alguna pequeña oficina. Así que pronto se vio en la necesidad de edificar una nave industrial. Y esa nave fue el principio de Fesmosa. Aunque entonces ellos no lo sabían.

Las cosas les iban bien a la familia. Pero ocurrió algo (un golpe de *"suerte"*) que lo cambió todo. El pueblo al que pertenecían creció hasta llegar a las lindes de sus tierras. Y un día, como si tal cosa, se aprobó un nuevo plan urbanístico. Cuando se quisieron dar cuenta, su nave formaba parte de un nuevo y boyante polígono industrial.

La nave era enorme. Tenía espacio más que suficiente para albergar una empresa agrícola que iría creciendo durante años. Fue construida con esa humilde intención. Pero de repente valía un dineral. El padre de Andrés lo vio claro y sin darse cuenta redujo su actividad agraria a la mínima expresión, dedicándose a levantar más naves industriales en sus terrenos y a venderlas. Con el dinero que obtuvo financió la compra de otros terrenos. Y tras lentos procesos de recalificación, empezó a construir viviendas nuevas para muchos de los trabajadores que fueron llegando. Al poco tiempo, las tierras que había comprado valían diez veces lo que había pagado por ellas.

Cuando Andrés finalizó sus estudios se vio de pronto envuelto en un negocio muy rentable. Y se decidió a aplicar allí todo lo que había aprendido. Eran tiempos de mucha actividad y riquezas, que sin embargo se vieron empañados por la repentina muerte de su padre. Tras negociar con sus hermanos, Andrés consiguió el 100% de la empresa. En realidad era el único capacitado para liderarla. Se había convertido en un hombre de negocios carismático y astuto y en seguida dio muestras de ello.

Para empezar, se aprovechó de una ley del suelo según la cual se permitía ser promotor de un terreno sin ser propietario de las tierras y cobrar con parte de esos terrenos. Andrés empezó a edificar en tierras que no eran suyas y consiguió que la empresa de su padre pasara de facturar 200 millones de pesetas a casi 400 millones de euros el último año.

-Fuiste muy inteligente y aprovechaste la oportunidad –le halagó Mario.

-Gracias –dijo Andrés-. Fesmosa no es sólo una empresa, es parte de mí y parte de mi familia. Es mi padre y es mi madre. Y también representa los sueños de las generaciones que han querido lo mejor para sus hijos.

Mario le miró. Sabía que ése era su hombre; el hombre capaz de ayudarle a conseguir su propio sueño.

-Tú y yo vamos a hacer algo grande –dijo.

-Para eso estamos aquí, ¿no?

-Así es.

Entonces Andrés le sorprendió con una pregunta que no tenía nada que ver con todo aquello. Una pregunta personal, si bien hacía tiempo que la barrera de lo personal había sido franqueada entre aquellos dos hombres de negocios.

-Mario, ¿por qué nunca te has casado?

-Las mujeres y los negocios no son compatibles –contestó el banquero.

-Yo estoy casado y tengo mi propio negocio.

-Sí, pero todavía no has hecho negocios *de verdad*. Y en todo caso esperemos que seas la excepción que confirma la regla –bromeó Mario-. Verás, la única forma de tener mujer e hijos y hacer negocios *de verdad* es cuando uno ya puede dejar de preocuparse por el dinero, y eso sólo ocurre cuando la pasta te sale por las orejas.

-¿Crees que hay un punto en el que uno ya tiene bastante?

-¡Joder! ¡No lo sé! ¡Yo siempre quiero más! Tal vez estoy enfermo –ironizó Mario.

-Tal vez todos estamos enfermos.

-Lo llevamos en la sangre, Andrés. Tú y yo vamos a hacer algo grande, y después de tocar el cielo, comprobaremos si tenemos suficiente.

Andrés sintió un cosquilleo en la nuca. Aquellas palabras eran precisamente las que quería oír.

-Sí, Andrés –continuó Mario-, vamos a meter a tu empresa en el Ibex-35.

-Eso sí es apuntar alto.

-Es donde se debe apuntar. Creo que podemos conseguirlo. Sabes que podemos. Pero si no quieres hacerlo dímelo ahora y no me hagas perder el tiempo.

-Sabes que quiero.

-¡Brindo por eso!

-¡Salud!

Levantaron su copa de whisky y brindaron por enésima vez. Andrés pudo ver que los ojos de Mario brillaban intensamente, y no supo decir si ese brillo se debía al alcohol o a la codicia.

Capítulo II: El proyecto

-Cuéntame tu plan –dijo Andrés.

-Conozco algunos inversores a quienes podría interesar el asunto –dijo Mario.

-¿Quiénes son?

-Fondos de inversión importantes, amigo. No te puedo decir más, salvo que, si estoy en lo cierto, puedo conseguir suficiente dinero como para crear un importante grupo de empresas.

-¿Por qué iban a apostar por nosotros? Somos pequeños y poco conocidos –dijo Andrés.

-Primero, explotando tu imagen –dijo Mario-. Sabes venderte muy bien, y conoces el efecto que tu personalidad causa sobre la gente. Y segundo, poniendo en valor tus activos.

-Es decir, sobrevalorando mi empresa.

-Llámalo como quieras.

Andrés no podía negar que la idea había cruzado su mente, pero se resistía. El siempre había comprado barato y vendido caro. Ese era el negocio. Ahora le decían que tenía que fingir que su empresa valía más de lo que realmente valía para atraer inversores, ¿qué pasaría si descubrían la verdad? El plan no funcionaría o incluso podría perderlo todo.

-Es arriesgado.

-Por supuesto que es arriesgado. De lo contrario lo haría todo el mundo.

-Podría salir mal.

-O salir de puta madre y te harías multimillonario. Tú decides.

-Hombre, ciertamente es una buena época para empresas como la mía. El sector de la construcción está en auge. Nunca tenemos problemas de liquidez, ni problemas para conseguir crédito.

-Ahí lo tienes. Todo el mundo entenderá que el valor de Fesmosa no es el de hace un tiempo, ahora es el catalizador de un gran proyecto, su valor es enorme– aseguró Mario.

-Pero esto no es un simple préstamo. Es la madre de todos los préstamos. ¿Y si estalla la burbuja inmobiliaria? ¿Y si se ajustan los precios del mercado? –dijo Andrés.

-No hay ninguna burbuja. Hace años que hablamos de la burbuja y los precios de las casas suben anualmente un 15%. Dentro de poco tu empresa *realmente* valdrá lo que decimos.

De pronto Andrés se puso serio. Comprendía perfectamente el alcance de lo que estaba diciendo su socio. No sabe por qué pero se puso a pensar en su mujer y en su hija. Hacía tiempo que las cosas en casa no iban como tenían que ir. Se habían distanciado. Bueno, él se había distanciado. Trabajaba más de catorce horas diarias y no tenía tiempo para ellas.

-¿No sería estupendo conseguirles todo aquello que desearan sin tener que volver a preocuparse nunca más por el dinero? –pensó Andrés.

Y luego regresó el brillo a los ojos de Mario y puedo entender que ese mismo brillo inundaba sus propios ojos.

-Vamos allá –dijo.

Durante las siguientes semanas, banquero y empresario se vieron con frecuencia para perfilar los detalles del proyecto. En una ocasión que Mario se desplazó a Barcelona, ambos se reunieron en una masía del Montseny, uno de esos lugares de ensueño perdido en la montaña. Se fueron a comer a un restaurante rústico. Pidieron un buen vino y se pusieron a hablar de negocios. Andrés tenía algunas preguntas sobre la operación.

-Mario, aclárame también los puntos críticos que podemos encontrar. No quiero dejar cabos sueltos –dijo.

-Está bien –contestó Mario-. Vamos a hacer una buena valoración de tu compañía –explicó-, entonces daremos entrada a nuevos accionistas para que aporten capital. Además, conseguiremos financiación de los bancos. Todo ello te dará una cantidad ingente de pasta para llevar a cabo todos los proyectos que tienes en la cabeza. Y por el camino te harás millonario de verdad.

-Eso ya lo sé, quiero que entres en detalles.

-Bueno –alegó Mario-, no quiero aburrirte con los aspectos técnicos. Nos pagas para que nos preocupemos nosotros de eso.

En realidad, Mario era esquivo porque no quería arriesgarse a contarle a Andrés todos los detalles del proyecto. Sabía que el empresario era inteligente y no quería que tras sus aclaraciones corriera a cualquier otro banco para realizar la operación. Eran amigos. Pero eran amigos *por dinero*. Y eso significaba que hasta que Andrés no firmara la propuesta de servicios, contratando al banco de Mario, éste debería mantener cierta cautela. No obstante, quería convencerle de que controlaba aquella operación y que no había nadie mejor que él para ejecutarla. Mario era, en el mundo financiero, un genio y un vendedor maquiavélico.

Andrés pudo percibir sus miedos. Por eso le dijo:

-¡Déjate de rodeos y vamos al grano! Ya sé que tu banco no es el más grande del país, pero mi empresa tampoco. Nos necesitamos mutuamente y los dos corremos riesgos. Por favor, sé concreto.

-En realidad es muy sencillo –dijo Mario con reservas-, pero hay que tener claro cómo hacerlo. Vamos a ver, tu empresa cotiza hoy a 26 euros por acción. Así que capitaliza, es decir, que *vale* en bolsa 360 millones de euros, de los cuales, tú posees 288 millones. Pero todos sabemos que esa cotización no recoge el valor real de la compañía. Porque una compañía vale lo que nosotros decimos que vale. Hemos de hacer un buen informe de valoración.

Andrés escuchó con atención.

-Nosotros hablaremos con unos cuantos inversores – continuó Mario-, les contaremos el plan de negocio de la compañía, el gran potencial que tiene y les diremos que su valor actual, en realidad, es de 800 millones de euros. Entonces cuando hayan mordido el anzuelo, les ofreceremos la posibilidad de invertir. Por un lado, comprarán una parte de tus acciones y por otro, suscribirán una ampliación de capital.

-Ya, pero exactamente ¿qué porcentaje de Fesmosa me comprarán? –quiso aclarar Andrés preocupado.

-Yo calculo que un 25%, lo cual te reportará unos 200 millones de euros.

Andrés no se podía creer que estuvieran hablando de tanto dinero. De repente un cuarto de Fesmosa valía casi tanto como toda la empresa. Se frotó las manos y continuó preguntando

-Vale –dijo Andrés-, entiendo que seguiré siendo el principal accionista.

-Después de todas las operaciones tendrás un 28% aproximadamente –dijo Mario-, un porcentaje que nos evitará problemas con la Comisión Nacional del Mercado de Valores, la CNMV. Los nuevos accionistas tendrán un 50% de las acciones entre todos. Será fundamental que te los ganes por separado, para mantener al máximo el control del Consejo de Administración.

-Entiendo –dijo Andrés.

-Deberán ser un mínimo de 10 nuevos socios, con un 5% de acciones cada uno de media. Pero no es tan sencillo.

-¿Por qué? ¿Hay algún problema con eso? –preguntó el empresario.

-Bueno, el resto, un 22%, sería "free float".

-Un momento –puntualizó Andrés-, ¿qué es eso del "free float"?

-Es el capital flotante de tu empresa en bolsa –aclaró Mario-. Digamos que son las acciones que están en manos de accionistas que no necesariamente tienen vocación de permanencia en la empresa. Así que ese porcentaje de acciones se mueve, *flota* libremente en el mercado. El mercado es eficiente cuando hay suficientes acciones *flotando* como para que no haya restricciones a la hora de comprar o vender acciones de una empresa. Sólo así el mercado puede fijar eficientemente el precio de una acción.

-Sigo sin entender el problema.

-Un 22% es muy justo para que la CNMV lo acepte, debería estar por encima del 30%, pero intentaremos convencerles de que el nuevo grupo de accionistas (que tú controlarás) forma parte del "free float".

Andrés denotó que Mario era un experto en trampear la realidad. Nunca se había encontrado con alguien tan hábil y tan conocedor de las trampas y brechas que se pueden abrir en los negocios. En menos de una hora había propuesto *mentir* a los accionistas sobre el valor de Fesmosa y *mentir* a la Comisión de Valores sobre los accionistas.

-Vaya, eso sí que es interesante –dijo Andrés-, vamos a darle la vuelta. Con un elevado "free float" conseguimos que el mercado fije un precio, digamos "correcto" de unas acciones, ¿verdad?

-Sí, esa es la idea –confirmó Mario.

-Entonces si eso es así, un "free float" pequeño permite manipular fácilmente el precio de una acción –dijo Andrés, que se había hecho una idea muy precisa con las aclaraciones de Mario.

Entonces Mario pensó que Andrés era listo, muy listo, que aprendía rápido y que debía ir con cuidado. Por otro lado, se sintió orgulloso de poder contar con un socio como él.

-Bueno, digamos que sí –dijo el banquero anonadado-, por eso la CNMV nos exigirá un "free float" lo más alto posible.

-Ok, perfecto. Sigamos –pidió Andrés con entusiasmo.

-Luego haremos una ampliación de capital a la que sólo acudirán los nuevos accionistas con un importe total de 800 millones de euros. Con esta primera parte de la operación la empresa valdrá 1.600 millones de euros en bolsa. Tú tendrás un 28% y 200 millones de euros en el banco. En total un patrimonio de 648 millones.

-¡No suena nada mal! –sonrió Andrés.

-A partir de ahí, un banco, presumiblemente el mío, dejará a Fesmosa 1.000 millones de euros, con lo que la tesorería de la empresa en ese momento será de 1.800 millones de euros, contando con los 800 millones adicionales de la ampliación de capital. Entonces todos querrán subirse al tren de la futura nueva empresa del Ibex-35, que a medio plazo acabará siendo sin duda la líder del sector. Y se pondrán a comprar acciones como locos.

-Será cojonudo –dijo Andrés totalmente convencido.

Capítulo III: Los actores

Andrés regresó a su casa de Barcelona a las diez y media de la noche del domingo. Cuando abrió la puerta las luces estaban apagadas y tanto su mujer como su hija estaban durmiendo. Tenía una sensación agridulce pegada a las entrañas. La sensación de que había estado fuera más de un fin de semana, tal vez toda una vida, y que en ese transcurso de tiempo todo su mundo había cambiado, o, por decirlo de otra manera, se había puesto boca abajo.

-Es una buen modo de ver lo que está bien sujeto y lo que no –pensó de una manera muy poco lógica.

Pero le exculpamos porque estaba cansado. Se quitó los zapatos para no hacer ruido y subió descalzo las escaleras de madera que conducían a los dormitorios del piso de arriba. Abrió con cuidado la puerta de la habitación de su hija. Tenía diez años y dormía como un ángel. Le dio un beso sobre los mechones de pelo rubio que asomaban bajo la colcha.

-Buenas noches, cielo –susurró.

Después cerró la puerta con cuidado y caminó un trecho del pasillo hasta la habitación donde dormía su mujer. Entró. Ella le oyó entrar, y, dándose la vuelta, encendió la luz de la mesita de noche.

-Perdona, no quería despertarte –dijo Andrés.

-Estaba despierta, ¿cómo te ha ido? –dijo Elia.

-Bien. Tenemos entre manos algo grande cariño.

-No me has llamado.

Andrés la miró fijamente sin decir nada. Luego dijo:

-Ya sé que no he tenido mucho tiempo para vosotras.

-Podrías haber llamado.

-Lo sé cariño –dijo el empresario-, he estado muy liado y no he podido sacar ni un minuto. Pero os compensaré.

-Tu hija ya no te conoce –dijo Elia-. Te vas de casa antes de que se despierte y llegas cuando ya está acostada. Y los fines de semana los pasas trabajando o en viajes de negocios.

-Tienes razón cariño. El fin de semana que viene nos iremos a montar a caballo. Los tres juntos, ¿qué te parece? Podemos alquilar un apartamento y hacer turismo rural.

Le dio un beso en la frente, se metió en la cama y la abrazó. Andrés podía ser encantador cuando se lo proponía. Al cabo de un rato Elia dijo con cierto rencor:

-Siempre dices lo mismo y después nunca cumples tus promesas. Aparecen más proyectos y detrás de cada proyecto lo que hay es más proyectos. Nunca tienes tiempo para nosotras.

-Es necesario. Si me relajo nos lo podrían arrebatar todo. Lo hago por vosotras ¿Es que no vives bien? –preguntó Andrés- ¿No te gusta que nuestra hija pueda ir al mejor colegio? –inquirió Andrés con firmeza intentando cortar de raíz aquella conversación y poder descansar.

-A veces me gustaría que tuvieras otro trabajo –contestó Elia-. Somos dos desconocidos Andrés. Ya no hablamos. Ya no sé qué piensas si es que piensas algo que no sea ganar dinero.

-Pienso muchas cosas mi vida, a veces incluso que os estoy perdiendo. ¿Por qué no lo hablamos mañana?

-No. Ya nos has perdido –dijo Elia con lágrimas en los ojos.

-¿Qué quieres decir? –preguntó Andrés despejándose de golpe.

Mario regresó a su casa la noche del domingo cansado y excitado al mismo tiempo. Vivía solo. Abrió una botella de buen vino de su bodega particular y se puso a pensar en empezar a trabajar en el proyecto. Se encontraba en el salón de su casa. Tenía un sofá negro de cuero natural sobre el que se sentó con su copa de Quianti. Entre la decoración destacaban algunas máscaras africanas y esculturas de arte moderno. Y, presidiendo todo aquello, un auténtico Rothko de su primera época, de un valor casi incalculable. Se había frito algunas gambas y las devoró combinándolas con ávidos sorbos de vino. Cuando el Quianti obró su efecto se puso a pensar en posibles colaboradores del proyecto, fundamentalmente asesores cualificados para el ingente trabajo que se aproximaba. También, por supuesto, reflexionó sobre la mejor manera de vender todo aquel asunto a sus socios. Y así, pensando y bebiendo, se quedó dormido en la inmensidad de su casa.

Tomás Collado era un buen asesor. Tenía veintiséis años y un saco de sueños prendido a la espalda. Desde que acabó la carrera se había interesado por la banca. Solía decir que ese mundo era un juego, más concretamente, una partida de ajedrez; una partida en la que daba igual ganar o perder; una partida en la que lo importante era jugar, y en la que si se perdía, sólo se perdía dinero. No se perdía la vida, ni el amor, ni el bienestar; se perdían unos billetitos azules, verdes o morados, o unas monedas de cobre o de bronce o de oro que no significaban nada más que el premio de haber ganado. Ese era el valor que Tomás otorgaba al dinero. El valor de la victoria.

Tomás vivía con poco. Un piso pequeño pero acogedor en el centro de Madrid. Un gato. Una mujer con la que daba largos paseos las tardes de domingo. Y unos amigos que veía poco pero regularmente. No era ambicioso. Pero tampoco pánfilo. Quería triunfar, como todo el mundo. Sin embargo, su estilo era desenfadado y se lo tomaba todo con un punto de humor. Era consciente de que lo importante en su vida era su novia, con la que vivía desde hacía dos años y con quien planeaba casarse algún día no muy lejano, cuando las cosas le fueran un poco mejor, cuando su situación laboral se normalizara y tuviera un lugar más seguro donde acudir todas las mañanas a ganarse el pan… y a jugar. Porque el alma del muchacho era, en realidad, el alma de un jugador. Ella se llamaba Andrea y no estaba familiarizada con el mundillo de las finanzas salvo por lo que le contaba Tomás. En realidad, no le interesaba un carajo. Ella era abogada y sus aspiraciones iban por otros derroteros. Sin embargo, le encantaba la forma que tenía su novio de expresarse. Es decir, no le importaba lo que decía, sino *cómo* lo decía; la pasión que salpicaba sus frases, sus palabras y hasta sus sílabas. Eso era poesía para ella. Y después de las explicaciones de su novio, no sabe por qué, siempre le entraban ganas de hacer el amor; un amor bonito y desbocado; un amor casi adolescente y sincero; un amor que tenía más que ver con un incendio que con la palabra A-M-O-R, como concepto en sí mismo.

Tomás trabajaba en un banco que no era el más grande pero estaba bien situado, y su equipo de trabajo, sus compañeros, era de lo mejorcito que se podía encontrar en aquellos días; trabajadores, competentes, buenos compañeros, en ocasiones protagonistas de algún incidente desagradable por celos o rivalidad, pero en general protagonistas de un buen ambiente.

El jefe de todos ellos era Mario Anglada, un tiburón, un Dios en lo que asuntos financieros se refiere. Había estado ausente unos cuantos días, pero esa mañana de lunes había regresado con las pilas puestas y un jugoso asunto bajo el brazo. Por lo viso estaba preparando un gran negocio con un empresario amigo suyo. Aquella mañana de lunes les llamó y les dijo:

-Necesito que os pongáis con un proyecto. Vamos a hacer algo gordo y estaréis conmigo más que nunca. Creo que va a ser la mejor operación de banca de inversión que hayáis visto en vuestra vida.

-Siempre he esperado algo así –dijo Tomás.

-Me alegra oír eso muchacho, porque voy a necesitarte al ciento veinte por ciento –dijo Mario.

Tomás había empezado a trabajar como becario en la firma, pero ahora era ya un analista de cierto nivel y se estaba convirtiendo en la mano derecha de Mario. Eso le traía algunas tensiones con sus compañeros, pero todo lo que estaba aprendiendo y lo rápido que estaba progresando, lo compensaba. Mario le explicó todo lo que esperaba de él. Necesitaba que se aplicara a conciencia en la operación de financiación y ampliación de capital más ambiciosa de las que había tenido noticia.

Tomás y algunos compañeros salieron del banco a la hora del bocadillo y se fueron al bar de la esquina. El bar se llamaba "El Oráculo" y era uno de esos lugares impersonales donde uno podía comerse una buena tapa y tomarse un buen café. Ni a Tomás ni a los demás les gustaba el café de máquina de la oficina. Allí había entablado amistad con un tipo curioso, Horacio, el dueño del local.

Horacio estaba loco, eso todos lo sabían, pero servía el mejor café del barrio. Además era un loco inofensivo.

-En la India, a los locos inofensivos se los venera –decía Tomás cuando la gente le reprochaba que hubiera entablado una amistad con un tipo como aquel.

A Tomás el tipo le divertía. Debía tener unos cincuenta y cinco años, pero aparentaba muchos más. Era bajo y flaco, y su rostro estaba cubierto por una gorra roñosa y una barba macilenta y encrespada de la que siempre colgaban migas de pan. Horacio contaba que había sido un gran banquero de inversión alemán (un leve acento acudía en su ayuda cuando decía esto), pero que se había arruinado en la crisis de los setenta. También decía que el sistema financiero se colapsaría y que todo sería culpa de la ambición desmesurada. Aseguraba que la banca y el sistema financiero actuales, amparados por "la mano invisible" de Adam Smith, eran en realidad una bomba de relojería, que el mundo explotaría, y que a él le gustaría ser testigo de ello, porque era un superviviente y conocía a muy pocos supervivientes que lo hubieran perdido todo, como era su caso, y hubieran aguantado lo suficiente como para contarlo. Su ilusión era reencontrarse con una gran crisis, así, decía, todos volveríamos al punto cero, al año cero, al origen de la igualdad y la desigualdad.

A Tomás toda aquella "política-ficción" le entusiasmaba; formaba parte del juego que le gustaba y, a veces, ponía a prueba la imaginación de Horacio, sondeándole con preguntas trampa, o preguntas caprichosas, o simplemente ideas desbocadas que acudían a la fértil imaginación del joven. Preguntas como:

-¿Si el sistema financiero se colapsara, cómo sería el nuevo orden mundial? –o- ¿Deberían los estados intervenir en las fusiones de las grandes empresas? –o- ¿Qué haremos cuándo el petróleo se acabe? –y- ¿Hay algún otro sistema mejor que el libre mercado?

De las contestaciones del barman, Tomás deducía que algo entendía de economía, pero no creía que hubiera sido el gran banquero que aseguraba ser. El analista, a veces, le comentaba aspectos de sus trabajos en el banco, y quedaba sorprendido con la claridad de criterio del viejo. Y un día, como si tal cosa, empezó a llamarle Oráculo, en vez de Horacio, y a los dos les entusiasmó la idea y el nombre.

Capítulo IV: La mentira

De todos los temas que Andrés y Mario habían hablado y discutido durante semanas, sólo uno se negaba a salir. Planeaban sobre él, siempre de forma indirecta, pero jamás se detenían. Se trataba de las comisiones de Mario. Es cierto que Mario le había sondeado en varias ocasiones sobre sus comisiones, sus "fees", sus pequeños propulsores al mundo de la riqueza. Lo había hecho para abonar un terreno sobre el que llegaría el momento de sembrar. En anteriores ocasiones le había advertido que sus "fees" eran altos, pero que serían una menudencia comparados con lo que iba a conseguir para él. Pero eso era todo. El banquero sabía que no debía decir más hasta abordarlo en el momento adecuado.

-En estos casos es fundamental la psicología –pensaba-, o una mezcla a partes iguales de psicología y paciencia.

Por eso tuvo a bien esperar hasta que le entregaron a Andrés su jet privado. Ese era el momento. Así, un día el empresario le llamó, contento como unas pascuas, feliz, lozano, con la alegría de un niño al que acaban de visitar los reyes magos.

-¿A dónde quieres que te lleve? –le preguntó Andrés por teléfono.

-¿Ya lo tienes? –dijo Mario.

-¡Claro que sí!

-Pues no tengo ni idea –contestó Mario.

-Voy a buscarte y lo pensamos –dijo Andrés.

Entonces el empresario se plantó en Madrid en menos que canta un gallo y llamó de nuevo por teléfono a su socio, y, juntos, subieron al jet y en un arrebato pusieron rumbo a Nueva York. Mario le halagó. Le dijo que su avión era increíble. Realmente lo pensaba. Realmente le carcomía un poco la envidia y la desazón. Pero todo formaba parte de una jugada maestra, que a su vez formaba parte de un plan maestro.

-Ya eres mío –pensaba en el fondo.

Entonces aterrizaron en el aeropuerto de Nueva York y se fueron a tomar una copa a un conocido local de moda situado en él ático de un rascacielos. Desde lo alto, en un ambiente distendido y relajado, Mario se puso a hablar del amor. No le pegaba nada, es cierto. Un tipo tan solitario como él, hablando del amor, como si lo hubiese inventado o encontrado debajo de una piedra o tras una esquina, y como si fuese la cosa más normal del mundo. En fin, eso descolocó un poco a Andrés, quien siempre había visto al banquero como un solitario empedernido, más obsesionado con los negocios que con la felicidad conyugal; un solitario que veía a las mujeres como instrumentos sexuales, como objetivos sexuales, como complementos o piezas que se cazaban por la noche. Pero de pronto Mario cambió de tema y se puso a hablar de la vida. Así, en mayúsculas. La Vida. Y para él la Vida consistía en estar en la cresta de la ola, codearse con las grandes fortunas, los políticos y los artistas de moda; aparecer en las portadas de los periódicos; pasear en su Porsche, con sus gemelos de oro, su pelo engominado, y su reloj suizo. Y allí ser, aunque no fuera exactamente eso lo que quería decir, el puto amo.

-¿Quién no ha soñado alguna vez en ser el dueño del mundo? –preguntó Mario de forma retórica.

Y aunque Andrés pensó "yo no", no se lo dijo, sino que guardó silencio y se dejó imbuir por aquella charla con tintes grandilocuentes, casi paranoicos, una charla que transcurría entre las nubes y el cielo, y que bien mirado le reconfortaba, porque no hay que olvidar que hacía bien poco que el empresario se había comprado un jet privado, y lo que menos necesitaba era un charla sobre la honradez, o el ahorro, o la castidad, sino que le apetecían palabras o ideas que versaran sobre el desfase, la cima, el límite. Estaba tan contento que le apetecía cometer una locura.

-¿Qué tipo de locura? –preguntó Mario.

-No lo sé... apostar en un casino, volar por encima de los rascacielos y los coches que pueblan Nueva York – dijo; pero no eran más que excusas para no pensar en su mujer y su hija.

Y fue en ese clima de exaltación (clima que por otro lado había creado Mario) cuando el banquero aprovechó para hablar de lo que tanto le preocupaba.

-Hablando de lo rico que vas a ser – introdujo Mario-, tenemos que mirar de cerrar el tema de los "fees". Mis socios dicen que tanto viaje y tanta fiesta están muy bien, que son, de hecho, de puta madre, pero que somos un banco, no hermanitas de la caridad y que hay que generar dinero, já, já.

-No, desde luego que no sois hermanitas de la caridad. Eso lo tengo claro –dijo Andrés-, aunque pongáis buena cara ya estáis pensando cómo sacarme la pasta, sanguijuelas –bromeó.

Mario lo tenía claro. Quería un 2% del capital que consiguieran de inversores, además de un 3% por el préstamo que le dejaría su banco. En total barajaba una cifra de 50 millones de euros, ni más ni menos. Era una cifra redonda, exuberante y hermosa.

-Nuestros honorarios son de mercado –aclaró Mario-. Te podría cobrar menos por la amistad que tenemos, pero entonces debería cobrarte más por el riesgo de la operación. Lo mires como lo mires, el precio que te voy a proponer es justo para los dos, tanto, que creo imposible que encuentres a alguien capaz de aventurarse a darte algo mejor, y, si me apuras, a hacer siquiera algo parecido.

-Así que crees que la operación es complicada, ¿eh? – dijo Andrés con chulería- A lo mejor es que no tenéis el equipo adecuado. A ver si tendré que hablar con otro banco…– Ironizó Andrés

-No somos los más grandes, es cierto –dijo Mario-, pero tenemos el mejor equipo de "corporate" de todo el país. Eso tenlo por seguro. Por otro lado, tu empresa tampoco es de las más grandes, y para muchos, incluso, es pequeña y no está preparada para una operación de esta envergadura. No me malentiendas, te estoy diciendo cómo te ven los otros bancos, que no te conocen como yo. Sé que estás preparado, pero si tuvieras que convencer a otros perderías mucho tiempo, y es posible que la ventana del mercado se hubiera cerrado para entonces –acabó diciendo Mario muy serio y concentrado.

-Tranquilo Mario, tranquilo –sonrió Andrés-, por el momento sólo tengo intención de hablar con vosotros, pero tendrás que ajustar la propuesta al máximo.

-Sabes que lo haremos –replicó Mario-, los "fees" de mercado, para cualquier colocación de capital, se sitúan entre el 1,5% y el 3%, dependiendo mucho del tamaño, el tipo de empresa, y la dificultad de la operación.

-¿En qué cifra estás pensando? –preguntó Andrés, demostrando preocupación.

-Una cifra razonable, considerando nuestra amistad, las características de la empresa y la gran operación que vamos a conseguir, sería un 2% de colocación. Eso, no lo dudes, es algo razonable para todos. Y en parte es así porque nuestro banco tiene muy clara la lista de potenciales inversores. Estamos trabajando duramente en ello.

Andrés frunció el ceño.

-La deuda es otro tema –continuó el banquero-, realmente es algo que lleva otra división. Ya te presentaré al responsable. Pero a pesar de él, tengo cierto poder para negociar las condiciones. Me exigen una comisión que, sinceramente, creo que es muy alta. Para ello alegan que el nivel de concentración que tendría el banco con el cliente, el riesgo del sector y el riesgo de asumir todo ese importe hasta colocarlo a terceros exige unos "fees" en torno al 4%.

Andrés iba a exclamar algo pero Mario se adelantó con su discurso.

-Sí, sí, a mi también me pareció demasiado, así que les apreté todo lo que pude; sinceramente, creo que algo más bajo no es asumible para ellos. Les dije que debíamos asumir riesgos en esta operación y que un 3% nos permitía ajustar al máximo la propuesta y transmitir al cliente que también estamos apostando por la operación.

En realidad Mario no había consultado nada con nadie. Todo surgía de su inventiva. Todo formaba parte de un plan maestro.

-Eres un mangante ¿y a cuánto asciende todo? – preguntó Andrés asustado- ¿45, 50 millones? Es una barbaridad. Sinceramente no lo veo.

-Perdona Andrés, pero lo que es una barbaridad son los 2.000 millones que vamos a conseguir para ti, de los cuales nosotros te vamos a prestar 1.000. Creo que la operación y el riesgo lo justifican.

-Adórnalo, pero sigue siendo una barbaridad, por esas comisiones seguro que cualquier otro banco estaría encantado de llevar la operación.

Mario había encontrado más resistencia de la esperada, pero sentía que controlaba la situación y que podía conseguir su objetivo.

-Te aseguro que no –dijo-. 20 millones son por la operación, y te garantizo que no hay muchos dispuestos a realizarla. El riesgo es alto y prefieren irse a operaciones más fáciles y con empresas más conocidas, ¿por qué van a arriesgar su prestigio con una operación que, si sale mal, les puede perjudicar mucho?

Andrés le seguía mirando, expectante.

-Y respecto a la deuda –continuó Mario-, si hay un banco que te da sin problemas 1.000 millones para una operación así, yo no me lo pensaría mucho. Es un riesgo muy alto para nosotros asumir solos tanta deuda de una sola compañía.

Andrés seguía escuchando, a lo lejos brillaban las luces de Manhattan.

-Si yo no digo que los "fees" no sean adecuados –dijo Andrés dando síntomas de cierta rendición-, pero es muchísimo dinero. No sé, Mario. Tengo que pensarlo.

-Mira, deja que te haga otra reflexión: en realidad, tú vas a pagar un 28% de esos "fees", ya lo negociaremos con los inversores, es mucho menos de la mitad, ¡pero te vas a llevar el 100% del éxito, además de 200 millones! –

dijo Mario muy animado y golpeando el hombro de Andrés.

-Bueno, puede ser razonable. Claro, si entran accionistas en realidad la factura ya no será sólo mía –dijo Andrés, algo pensativo.

-Mira, y ya el colmo, a ver qué entidad te ofrece algo así: en realidad mis socios querrán cortarme las pelotas pero mira, nosotros te financiaremos todas las comisiones que nos tengas que pagar.

-No lo entiendo…

-Verás, ajustaremos la deuda que te dejemos con los "fees" que te toque pagar, con lo cual nosotros lo cobraremos de entrada, pero Fesmosa lo pagará según los plazos del crédito. Vamos, que en pocos meses te lo estarán financiando otros bancos. Además, a saber por dónde andarás tú en un par de años, de modo que, en realidad, esta factura la estarán pagando los futuros accionistas. Venga, más fácil imposible. Te hacemos una operación que te va a poner en la cima del mundo empresarial, te va a hacer millonario, ¡y encima no tienes que pagar nada! ¡Brindemos por ello amigo! –cortó Mario pretendiendo dar por zanjada aquella negociación.

-Como te gusta liarme, Mario –respondió Andrés mientras acompañaba el brindis-. Parece que sacas conejos de la chistera.

-Pues nada, no hablemos más de negocios por hoy, el lunes te mando la propuesta por escrito y ya lo dejamos cerrado. Ahora, relajémonos que ¡menuda semanita llevamos! ¿Eh?

Mario se recostó en el respaldo de su silla con la copa en la mano y miró por la ventana. La ciudad de Nueva York parecía sonreírle. Había dado otro paso en su ascenso a la cima.

Mario reunió al equipo que quería involucrar en la operación. De alguna forma, eran unos privilegiados. Los elegidos, o algo así. En banquero ya había calculado cual era su parte de la comisión en forma de "bonus", incentivos de "cross selling" y su participación como socio en los resultados de la entidad, que este año serían extraordinarios. En total, algo más de 10 millones de euros. Y pese a todo pensaba que era poco, teniendo en cuenta que él iba a generar para el banco unos ingresos de 50 millones de euros con una sola operación, algo que nunca habrían soñado sus socios. Por eso, ya estaba pensando en cómo exigir algún tipo de retribución especial como compensación por aquella excepcional generación de beneficios. Quería cinco millones más, o de lo contrario ofrecería el negocio a otro banco, porque el cliente era suyo, porque Andrés Canals comía de su mano.

El asunto lo había comentado con Ignacio, su mejor amigo en el banco, que junto con él eran los más jóvenes del Consejo. Éste le había sugerido que no forzase tanto la máquina; que no valía la pena poner en riesgo sus buenas relaciones con el consejo. Y que algún día, sería él quien se beneficiara de algún buen negocio que aportara otro socio. Mario lo dudaba mucho, sentía que sólo él era capaz de oler y ejecutar un proyecto como ese. Y que nadie podía seguir su ritmo.

Si la operación salía bien, conseguirían el mejor "bonus" y una experiencia profesional que con el tiempo les permitiría subir hasta la cima. Mario repasó la operación que le había explicado a Andrés. La audiencia admiraba su capacidad y seguridad para llevar a cabo una operación sin apenas precedentes en el mercado. Eran unas tablas que sin duda se conseguían con años de experiencia, y con una ambición sin medida, cabría añadir.

Entonces Tomás rompió el hielo con una pregunta aparentemente inocente:

-¿Cómo se ha llegado a una valoración de 800 millones de euros para Fesmosa, si la empresa apenas llega a los 390 en bolsa?

-Es lo que vale un proyecto único como éste en el mercado –dijo Mario-, en un sector en constante crecimiento donde todos quieren estar.

-Ya, pero no hemos hecho ninguna valoración –insistió Tomás-. ¿Y si nos sale que el valor está más cerca de 600? Las cifras que nos has comentado cambiarían sensiblemente.

-Vale 800 millones porque es la cifra que cuadra el círculo de la operación –apuntilló Mario-. Sois el mejor equipo de "corporate", y sé que sois capaces de demostrar en las próximas semanas que Fesmosa vale lo que yo digo que vale...

Silencio.

-Ya os podéis poner a buscar comparables, múltiplos, informes y estudios de mercado que nos permitan hacer una valoración en la que nos sintamos cómodos con los 800 millones y podamos convencer a los inversores.

Mario valoraba la inquietud de Tomás, en realidad demostraba que ya estaba pensando en los siguientes pasos que tendrían que afrontar.

Tomás, por su parte, pensó que la cosa se estaba poniendo fea.

-¿Qué pasa si al final se hace la operación pero no hay acuerdo con otras empresas para adquirirlas y cumplir el plan de crecimiento futuro? –preguntó otro asistente.

-Señores, nuestro mandato termina con los 2.000 millones en la mesa de Andrés Canals. Para eso nos pagan. Las siguientes operaciones no son de nuestra incumbencia. Olvidadlas por el momento.

Había gente de la división de "Financing" en la reunión. Seguramente eran los menos amigables porque iban a asumir mucho riesgo.

-¿Quieres decir que lo que buscamos es colocar la deuda a terceros? –preguntaron.

-Eso mismo quiero decir –contestó Mario-, colocaremos la deuda y nos devolverán los 1.000 millones. Habremos ganado, 50 millones en una sola operación.

-Mario, vosotros no os jugáis nada si sale mal, pero como luego no coloquemos la deuda nosotros tendremos un marrón de cojones. Es una cantidad enorme para nosotros, y encima concentrada en un solo cliente. Tendremos que pensarlo mucho y el Banco de España nos incordiará bastante –el que hablaba era Carlos, el Director de la división.

-Tienes toda la razón Carlos –dijo Mario-, por eso vais a tener que hacer un "pre-márketing" realmente bueno. Así nos cubriremos las espaldas. Tenéis dos semanas.

-¿Dos semanas? Ni de coña vamos a comprometernos a hacerlo en tan poco tiempo. No lo veo nada claro – remarcó Carlos.

-Bueno Carlos, no te preocupes. No es el lugar ni el momento para discutir esto, ya hablaré con Miguel. Pero vamos, si no te ves capaz de hacer operaciones importantes dedícate a seguir dando préstamos para que el almacén de la esquina compre un par de camiones – sentenció Mario.

El argumento de recurrir a Miguel no era ninguna tontería. Significaba recurrir al jefe de Carlos, el experto en financiaciones. Y significaba, de paso, que Carlos podía quedar excluido de todo el proyecto. Por supuesto, nadie más osó oponerse. Lo curioso es que Mario sabía que costaría convencer a Miguel de una operación de esta envergadura. Desde luego el Consejo escucharía a Miguel como experto en financiaciones complejas. Pero los ingresos que conseguiría el banco con esta operación, el "bonus" y el reconocimiento profesional en el sector, serían argumentos más que suficientes para convencerles.

Cuando terminó la reunión todos estaban ansiosos por empezar a trabajar. La mayoría nunca habían soñado con participar en una operación de estas características. Antes de macharse Mario intentó transmitirles su entusiasmo y confianza. Así, las dudas que podían tener sobre la viabilidad del proyecto, simplemente se desvanecieron. Era una gran oportunidad para todos. Pero todavía había que convencer al consejo. Y Mario lo sabía.

Entonces llegó el momento de presentar la operación al Consejo. Todos tenían claro que era una operación en la que asumían mucho riesgo; si salía mal perderían gran parte de la credibilidad que les había costado tanto esfuerzo ganar. Y, si por alguna razón, dejaban de recuperar la deuda que iban a prestar temporalmente a Fesmosa, ello podría significar la ruina.

Pero desde luego la oportunidad era única. Eso todos los sabían.

-Buenos días señores –empezó Mario buscando cierta empatía.

Todos respondieron con cierta desgana, como si no quisieran darle demasiada importancia a un tema que sin duda la tenía.

-Bueno, más o menos todos vosotros ya sabéis las características de la operación que estamos planteando –dijo Mario, y explicó los principales aspectos de la operación haciendo hincapié en las responsabilidades y funciones que asumiría el banco en cada fase.

La primera pregunta fue clara y directa.

-¿Te fías de Andrés? –preguntó el presidente del consejo- Quiero decir, desde un punto de vista puramente profesional. ¿Crees en su capacidad para gestionar y liderar un proyecto de esta envergadura?

-Estoy convencido de su capacidad –dijo Mario.

-Mario, hemos visto pocos números sobre la rentabilidad futura de Fesmosa y su capacidad para hacer frente a la devolución de la deuda y sus intereses. Ya sé que es un proyecto estratégico, que posicionará a la compañía como líder del sector y seguramente en el Ibex. Pero lo estratégico suele ser sinónimo de pérdidas. Espero que éste no sea el caso. ¿Qué confort tenemos en que los fundamentales, las cifras de la compañía serán buenas?

-Vamos a ser claros –puntualizó Mario-, de lo que estamos hablando aquí es de aprovechar la actual situación de los mercados en general y del sector de la construcción y promoción en particular. El secreto para conseguirlo está en la abundante liquidez que hay en el mercado, y la premisa para hacer rentable esta inversión es la refinanciación. En otras palabras, nuestro trabajo sólo consistirá en pasarle la patata caliente a otro.

-¿A qué te refieres?

-Me explicaré: hay dinero de sobra en el mercado, e inversores que quieren aumentar su exposición al sector promotor debido a las altas rentabilidades que está dando. Nosotros les vamos a ofrecer un producto perfecto para sus necesidades. Daremos un paquete inicial de deuda a Fesmosa, 1.000 millones para ser exactos, pero lo recolocaremos en el mercado antes de tres meses. Es decir, recuperaremos esos 1.000 millones. De esta forma tendremos unos ingresos fantásticos por comisiones y sacaremos la deuda de nuestro balance rápidamente. Si Fesmosa no puede pagar en el futuro, no será nuestro problema.

Mario hizo una pausa, luego continuó con rotundidad.

-Seamos sinceros. Ahí está la clave de la operación. Los inversores y los bancos están encantados de dar dinero ahora, porque piensan que los activos seguirán subiendo, y que, en pocos años, los accionistas venderán con importantes plusvalías sus acciones. Entonces los bancos refinanciarán toda la operación de nuevo, por lo que obtendrán más comisiones.

-Ya veo, la base de partida es asumir que se consigue refinanciar todo el proyecto de nuevo en varios años –dijo el presidente-. Se está asumiendo que la deuda es eterna, pero algún día habrá que devolverla y para eso harán falta "cash flows" reales.

-Cierto –contestó Mario-, pero quisiera añadir algunas aclaraciones. Primero, nos pagan por esta operación ahora, y lo que pueda pasar en el futuro ya no nos compete. Segundo, una vez cerrada la operación y con la deuda fuera de nuestro balance, que haya o no "cash flows" no será problema nuestro. Tercero, el mercado financiero mundial ha cambiado radicalmente en los últimos años, hay dinero a espuertas y los tipos de interés están históricamente en su nivel más bajo. ¿Alguien piensa que eso vaya a cambiar a medio plazo?

Todos se miraron. Pese al riesgo se estaban convenciendo poco a poco. Mario tenía respuestas para todo y poco reparo en llamar a las cosas por su nombre, algo que chocaba frontalmente con las posiciones políticamente más correctas de algunos socios.

-Ya os he comentado los "fees" que ingresaríamos por esta operación. Está todo pactado. Si alguien tiene algo que añadir, le agradecería que lo hiciera ahora, de lo contrario, creo que podríamos dar por aprobado el proyecto.

-Señores, ¿alguien tiene algún comentario más? – preguntó el presidente del consejo- ¿No? Pues conforme al proyecto. Con esto ya tenemos suficiente por hoy, terminamos la reunión.

Capítulo V: La batalla

-¡Joder llevamos casados doce años y ahora me sales con esas! –gritó Andrés.

-Te digo lo que siento, lo que hay dentro de mí – contestó Elia.

Tras su petición de separación, Elia aceptó pasar un fin de semana con Andrés en un hotel rural para intentar salvar su matrimonio. Decidieron dejar a Marta con los abuelos para poder hablar con tranquilidad. Sin embargo, las cosas no estaban saliendo como esperaban.

-Estoy intentando arreglarlo ¿por qué me castigas? – dijo Andrés.

-No intento castigarte, es sólo que las cosas ya no son como antes. Te has convertido en un extraño.

Se encontraban en el restaurante del hotel. Un lugar, a primera vista, muy romántico, donde una pareja pasaría una velada encantadora. Pero a esas alturas de la conversación, los dos habían perdido el apetito.

-Dime, ¿qué puedo hacer? –preguntó Andrés.

-No lo sé –contestó Elia-, sinceramente no lo sé. Pero lo que tengo claro es que desde Madrid, o desde tu oficina, no podrás hacer gran cosa. Me siento sola, Andrés. Y Marta hace tiempo que no ve a su padre. No sabes los problemas que tiene en el colegio, ni conoces a sus amigas. La niña ya no te interesa lo más mínimo.

-¡Eso no es verdad! ¡Yo me preocupo por mi hija! ¡A mi hija no le falta de nada! –se quejó Andrés con amargura.

-Hacerle regalos no es interesarse por ella –lapidó Elia-. Lo único que necesita es tu tiempo. Y eso es justamente lo que no estás dispuesto a dar.

-Elia… tengo algo entre manos, algo… ¡Dios! ¡Algo realmente bueno! Cuando consiga cerrar esa operación, tendré más tiempo para vosotras. Te lo prometo. Dices que os debo tiempo. Dámelo tú. Serán sólo unas semanas. Después te prometo, por lo más sagrado, que se acabarán los viajes de negocios y las horas en la oficina.

-¿Cómo voy a creerte? –dijo Elia-. Hace años que dices lo mismo.

-Pero esta vez es verdad. Vamos, ¡créeme! Hazlo por nosotros. Y si no quieres hacerlo por nosotros, hazlo por Marta. Nuestra hija se merece crecer al lado de su padre.

-Ya no puedo más. Estoy cansada.

Andrés se sentó a su lado y le pasó un brazo por los hombros. El rostro de su mujer brilló a la luz de las velas.

-Todo va a cambiar, cariño. ¿No estoy aquí contigo? Soy consciente de que he sido yo quien se ha alejado. Pero volveré a vuestro lado. Dame una oportunidad.

Y se besaron; y rodó una lágrima por la mejilla de ella.

Las oficinas de la Comisión Nacional del Mercado de Valores o CNMV. Unos hombres con traje discutiendo. La máquina de café echando chispas. Algo de nervios, despersonalización e incertidumbre. Alguien dice:

-Señores, nos acaba de llegar el expediente de una operación sin precedentes en el mercado y tiene toda la pinta de que siendo una empresa muy pequeña quiere dar un triple salto mortal y un pelotazo de una sola tajada.

-No nos pongamos nerviosos. Es normal que lleguen operaciones así, dada la excelente marcha de la economía y los mercados.

-Tendríamos que vigilarla muy de cerca.

-¿Alguien conoce esa empresa "Fesmosa"?

-Yo sí. Es una empresa familiar. Una constructora que se benefició de las antiguas leyes del suelo.

-Parece seria y solvente.

-En cualquier caso lo comprobaremos. Concertad una cita.

Y concertaron una reunión.

El equipo de Mario y Andrés se preparó para la reunión con la CNMV, la comisión encargada de supervisar las bolsas y las empresas cotizadas. Es decir, la que tenía que aprobar el proyecto. La Comisión quería rigor y datos concretos. Por eso Mario le advirtió a Andrés que no hiciera alarde de su mágica personalidad de empresario emprendedor y que no hablara de sus proyectos.

-Con la Comisión es mejor pecar por defecto que por exceso, pues toda la información transmitida podría ser utilizada en nuestra contra en algún momento –le dijo Mario.

-De acuerdo –contestó Andrés.

Esto fue lo que realmente sucedió: en la reunión, Mario y el Director Financiero se habían preparado bien las últimas cuentas auditadas y los aspectos financieros del proyecto. Tenían claro que la respuesta sería: "os lo mandaremos en unos días", a cualquier pregunta que se saliese de lo estrictamente preparado. Por un lado se encontraban el director de mercado primario y el director de secundario, así como un secretario y un analista de la Comisión. Por parte de la compañía y sus asesores estaban Andrés, el Director General, el Director Financiero, Mario y un abogado.

La reunión había empezado muy cordial. En aquel momento los mercados estaban animados y escaseaban los escándalos financieros, de modo que ambiente era distendido. Pero a medida que pasaba el tiempo se hacía más patente la verdadera personalidad de Andrés, que había empezado algo encorsetado y distante, pero que estas alturas ya había trazado entero el mapa empresarial de su fantasía. Y claro, la percepción del resto de interlocutores no era especialmente positiva. No les gustaba la facilidad con la que Andrés hablaba de nuevos proyectos sin concretar nada, prometiendo grandes beneficios, que parecían producto de la especulación. Tampoco les gustaba la sensación de falta de rigor en los aspectos de gestión y gobierno corporativo.

Pero todo esto Andrés no lo sabía. Ni lo intuía siquiera. Nunca había tenido que lidiar con funcionarios de esta índole, y sencillamente pensaba que se los estaba metiendo en el bolsillo, tal y como había hecho en el pasado con todos sus socios y clientes. No. Nunca se había encontrado con gente así; lo más parecido eran secretarios de ayuntamientos o concejales, cuya función y preocupación no era necesariamente velar por el interés de los que iban a invertir.

Mario se percató del rumbo a la deriva que estaba tomando las cosas y quiso zanjar el asunto en varias ocasiones.

-Seguramente es buena idea que terminemos de preparar la información y la presentemos más tarde –dijo, por fin.

Antes de concluir la reunión, la Comisión dijo que necesitaba nueva información para aprobar el proyecto. Afirmaban que las cosas no les habían quedado demasiado claras. Por eso les mandarían un listado con lo que se requería a través de un asesor. Y una vez dispusieran de los informes, les convocarían para otra reunión en la que se analizaría con más detalle la operación.

Mario no salió nada satisfecho.

-¡Joder Andrés, como te gusta chupar cámara! ¿No te habíamos dicho que calladito? –le recriminó.

-Estos tíos necesitan entender el proyecto, ver que es una gran oportunidad para el mercado bursátil tener compañías de estas características, tan dinámicas… –se justificó Andrés.

-No te enteras. Si la empresa va muy bien ellos no ganan nada, y si va mal se juegan su prestigio y su puesto de directores. A estos les tenemos que transmitir tranquilidad, seriedad y datos concretos. Y desde luego hoy no hemos hecho nada de esto, ¡joder mira que te lo habíamos dicho! –insistió Mario.

-A ver qué piden y en la próxima reunión ya lo haremos mejor, no creo que sea un problema –dijo Andrés.

-El problema es que ya les has sesgado y ahora se lo mirarán todo con lupa –se lamentó Mario.

Los miembros de la comisión se reunieron en uno de los despachos y empezaron a intercambiar impresiones.

-¿Qué os ha parecido? La reunión.

-Hay gato encerrado.

-Estoy de acuerdo, están tramando algo.

-Pero el mercado puede asumirlo.

-Tal vez sí o tal vez no. No sé si habéis notado que últimamente se percibe una indiciosa desaceleración.

-Un pequeño bache, una parada para coger aire y seguir subiendo.

-O no.

-¿Y ese Andrés Canals, qué sensación os transmitía?

-Emprendedor, soñador, carismático... es decir, un peligro.

-¿Debemos estar más encima?

-Sí, desde luego. Creo que van en serio, y a pesar de que puede parecer una locura los veo con intención de ir hasta el final. No será fácil desanimarlos.

-Empezaremos aclarando las cosas, esto es, pidiendo más información.

-En qué estás pensando.

-No lo sé. Es una operación sin precedentes. Se lo pediremos todo.

Semanas después, Tomás y otros analistas estaban ayudando a terminar de preparar toda la información que había solicitado la CNMV. Mario les había encargado que supervisaran los documentos y se aseguraran de que todo cuadraba. Su rostro denotaba tensión. El banquero sabía que esta batalla no podía demorarse más. Había que pasar por la CNMV. Así que los puso a trabajar a todos en esta dirección: los directores de la empresa, el equipo de "corporate" y los abogados; poniendo especial interés en la "formación" de Andrés.

Desde luego en la segunda reunión Andrés estuvo más controlado, pero los presagios de Mario se cumplieron. El tono cordial del primer encuentro se había esfumado. Los miembros de la Comisión afilaron sus uñas y abrieron los ojos para detectar cualquier fallo. Porque en realidad se trataba de un proyecto en un sector (el inmobiliario) habitualmente envuelto en rumores de corrupción.

No sin dificultades alcanzaron un acuerdo sobre varios aspectos que desde la Comisión consideraban irrenunciables. Habría un compromiso para elevar en 12 meses el "free float" hasta un mínimo del 30%. Se establecerían órganos de Gobierno Corporativo y se evitaría a toda costa transmitir a inversores privados información que no se hubiese hecho pública previamente. Por otro lado, auditorías, proformas históricos y un sinfín de información detallada debería incluirse en el Documento de Registro.

Mario salió satisfecho en aquella ocasión. Parecía que estaban a punto de ganar otra batalla.

Después de aquello, Mario Anglada y Andrés Canals se encontraron muchas veces para hablar de negocios en lugares paradisíacos, lugares que oscilaban entre el hotel rural más espectacular y el club más selecto, pasando por un paseo en velero por el Mediterráneo o dieciocho hoyos en el campo de golf de moda, donde hombres poderosos forjaban las finanzas del mañana. Cuando se veían, comían en los mejores restaurantes y acudían a los mejores "nigth clubs", todo para consolidar una amistad y un proyecto que había de eclosionar en una vida mejor, en una posición mejor para ambos, en un pelotazo. Se veían con mucha frecuencia. A veces era Mario quien volaba hasta Barcelona, y allí se quedaban en la casa de campo de Andrés, o en un spa del centro. Otras veces era Andrés quien volaba a Madrid y pasaban allí el día trabajando, para luego irse de copas por lugares prohibidos, llenos de glamour y sensualidad, donde se emborrachaban y a veces jugaban, pero donde sin duda, nunca dejaban de trabajar. Porque habían nacido para ello. Su vida era el negocio. El negocio era su vida. Indisociables. Inseparables. Etcétera.

-¿Cómo lo ves? –le decía Andrés.

-Nos vamos a forrar –contestaba Mario.

Paralelamente, Mario y Tomás estaban preparando el terreno para verse con veinticinco bancos e inversores.

Realizaron incontables llamadas, se dejaron ver por las oficinas de muchos directivos; se pelaron el culo en viajes; se dejaron la piel para conseguir una cita, un "one-to-one" en un gran hotel de la Castellana. Para ello contrataron las cinco salas de reuniones, donde debían exponer todo su proyecto, todo su plan, poner toda su carne sobre el asador.

Por su parte, Andrés comenzó a sobrevalorar los activos de su empresa, iniciando una campaña publicitaria en el mundillo empresarial. Para aguantar aquel ritmo tomaba mucho café. Por lo menos diez al día. Y escuchaba mucha música. Sobretodo a Jimmy Hendrix y su "Hey Joe", y así, con la melodía en la cabeza se decía "Hey Andrés, dale caña". Y empezaba. Y nunca acababa de trabajar, y no veía a su mujer y a su hija, y recordaba las palabras de Mario sobre las mujeres y los negocios. Pero luego pensaba que no sólo eran incompatibles las mujeres y los negocios, sino la familia y los negocios, el sueño de calidad y los negocios, las relaciones con los amigos y los negocios; y al final lo único que le quedaba eran la cafeína en el cuerpo y los encuentros esporádicos con Mario Anglada en esos lugares de ensueño, lugares en los que se relajaba, y soñaba, y tocaba el cielo con la yema de los dedos sin llegar a entrar. "Knocking on heavens doors"; "starway to heaven"; sonaban continuamente por su cabeza.

Lo tenían. Ya casi lo tenían. Todo era cuestión de unas semanas más. Entonces, expondrían su plan a los inversores. Pero nada iba a resultar fácil. Semana tras semana la CNMV se lo estaba poniendo difícil al equipo legal de Mario y Andrés. Les habían solicitado nuevas valoraciones de Richard Ellis actualizadas y se quejaban de que no veían claro el plan de negocio.

-Nos lo piden porque no tienen ni puta idea –dijo Mario.

-Entreguémoselo –contestó Andrés.

-No es tan fácil y tenemos poco tiempo –dijo Tomás.

De nuevo les tocó trabajar.

Tomás se sentía excitadísimo con todo aquello. Era la primera vez que se enfrentaba a algo así. Era como un cataclismo; la urgencia desmedida por dejarlo todo listo. Iban contra reloj. En un par de semanas tenían las primeras citas con inversores.

De nuevo en las oficinas de la CNMV se hicieron comentarios. Se tejieron planes. Por que estaban perplejos y asustados.

-De momento nos están entregando toda la documentación en las fechas previstas.

-Sí, son rápidos, pero sabes tan bien como yo que esos números son fácilmente alterables.

-Sí.

-Además, no lo veo claro. No son transparentes. Tenemos que encontrar un medio de frenarles, de ganar tiempo.

-Hay que contrastar los datos.

-Sí, pero cómo lo hacemos.

-Tengo una idea…

Entonces sucedió. La CNMV realizó una exigencia que hizo sonar todas las alarmas. El equipo asesor de Mario y el equipo de Andrés se vieron en un verdadero atolladero. La Comisión exigía unos estados financieros proforma trimestrales auditados.

-No hay tiempo –dijo Mario.

-¿No podemos preparar el balance proforma en una semana? –preguntó Andrés.

-Ese no es el problema –dijo Mario-; el problema es que ninguna Auditoría lo firmará.

-¿No tenemos contactos con ninguna auditoría, aunque no sea de las grandes? Les pagaremos bien para que trabajen rápido –dijo Andrés.

-No lo entiendes –le contestó Mario-, desde la caída de Arthur Andersen las auditoras no firman aventuras de este calibre en un lapso de tiempo tan breve. Estamos jodidos.

Mario y Andrés hicieron un aparte. Sintieron como el gran proyecto que llevaban tiempo diseñando, el que les iba a dar la gloria y la riqueza, se desmontaba ante sus narices como un castillo de naipes.

-¡Cómo pueden ser tan cabrones! –clamó Andrés

Con el tiempo, el empresario había entendido perfectamente el mundillo financiero. Casi parecía que se había criado en Wall Street. Hablaba con tanta soltura como lo haría cualquier banquero del ramo.

-Seguro que eso no lo han pedido nunca –dijo Mario-. ¡Tomás! Revisa con los abogados todos los folletos de todas las operaciones parecidas a ésta, quiero una lista con el nombre de cada compañía, fecha de la operación y si han pedido lo mismo o algo parecido. Lo tenemos que tener preparado ya para poder montar una reunión con la CNMV.

Mario estaba buscando una salida a las exigencias de la Comisión, Pero no las tenía todas consigo.

-¿No lo tenías todo controlado? –preguntó Andrés con indignación- ¿Cómo es posible que se descuelguen con una petición así a estas alturas? ¿No se te ocurrió que podía pasar? En mi negocio lo tengo todo preparado con meses de antelación. Ahí has patinado, Mario –le acusó finalmente.

-¡No me toques los huevos, Andrés! –replicó el banquero-. Estamos preparando una operación sin apenas precedentes en el mercado. ¿No ves que los de la CNMV están acojonados? Piden lo imposible porque no quieren que la operación siga adelante. Intentan evitar comerse un marrón si las cosas se ponen feas en el futuro –se excusó Mario.

-¡Pues si es eso que lo digan y que no nos mareen más, coño! –gritó Andrés cabreado- Se lo hemos explicado todo. Está clarísimo. Lo que tienen que hacer es darle la oportunidad a los inversores para decidir si quieren invertir o no. ¿Qué coño ha de decir la CNMV sobre el dinero de los inversores? ¡Ya son mayorcitos!

-Sí, pero con esos argumentos no les haremos cambiar de opinión –sentenció Mario.

-¡Esto tiene que salir por cojones! ¿Ya has pensado en posibles alternativas? –dijo Andrés mientras ya pensaba en la suya, había ido haciendo algunos favores durante los últimos años a funcionarios y políticos de todos los colores que quizás era el momento de empezar a cobrar.

El empresario presintió como se desvanecía su sueño. Además había otro problema. Si todo se deshacía tendría que pagar a esa panda de hienas, esos abogados y asesores que acudían a él con sus trajes caros, sus gemelos de oro, y esos deleznables aires de superioridad, para chuparle la sangre, para hacer las veces de sanguijuelas, chinches o garrapatas. Parásitos, al fin y al cabo, que sólo se alimentaban de las ganancias de los demás.

Pero Andrés sabía que Mario trabajaba mejor bajo presión. Era uno de esos tipos que necesitaba la adrenalina como una droga, y al que superar las barreras y competir, aunque fuera contra sí mismo, le hacía sacar lo mejor que llevaba dentro. Por eso, a pesar de vivir una situación tan tensa, le gritó:

-¡Se te ocurre algo sí o no! ¡Diablos!

-Cállate un momento –contestó Mario- estoy pensando.

Entonces Andrés supo que la sofisticada maquinaria que constituía el cerebro de Mario se estaba engrasando para encontrar la salida de aquel atolladero.

Mario tomó un taxi que lo condujo a su casa. Estaba muy malhumorado. Cuando llegó se sirvió una copa del mueble bar que tenía en el salón y se sentó sobre el sofá de cuero negro que decoraba su impresionante loft.

-¿Cómo coño lo puedo hacer?

Dejó la copa sobre el sofá y se apretó con fuerza las sienes. ¡Dios cómo le dolía la cabeza! Se puso de pie y se acercó al baño. De allí extrajo una caja de "gelocatil" y se tomó dos comprimidos con un buen trago de whisky. Después se puso delante de la televisión y empezó a hacer zapping.

Cuando el alcohol empezó a obrar su efecto, sintió algo por dentro. No eran sólo el calor y la embriaguez, sino una sensación que conocía bien y a la que se negaba a poner nombre, porque sabía que si tenía que nombrarla algún día, lo haría con la palabra: "soledad".

Porque Mario estaba sólo. Muy solo.

Inmediatamente después de empezar a sentirse así, apagó el televisor y se levantó del sofá de un salto, como si tuviera un resorte o un muelle en el culo. Entonces se sirvió otra copa y comenzó a dar vueltas por su loft. Inquieto. Concentrado.

Sabía que si alguien era capaz de superar esta situación era él. No iba a ser fácil convencer a la CNMV y a los auditores. Ninguno iba a ceder fácilmente. No paraba de pensar. ¿Sería cierto lo que había dicho Andrés, que "había patinado" por no tener preparado un proforma auditado? ¿Estaría perdiendo facultades? Solo en casa y algo bebido, sintió como lentamente su mundo de seguridad se deslizaba en dirección al fango de sus pies. Pero de nuevo estaba acostumbrado a esta sensación, porque no era la primera vez que la sentía. Entonces pensó en la CNMV y pensó en sus "fees". Pensó en el banco y pensó en Andrés. Pensó que el empresario y él se necesitaban mutuamente, pero que, por primera vez desde que se conocieron, estaba en posición de inferioridad frente a él.

-Andrés no puede irse con otro asesor, no puede renegar de mis servicios –dijo Mario de pie, en mitad del salón, con una copa en la mano.

Y después:

-¿Cómo puedo salir de todo esto? ¿Cómo puedo girar las tornas y salir beneficiado?

Entonces sucedió. La idea genial que estaba esperando apareció en su cabeza alcoholizada, así como si tal cosa, clara como el cristal.

-Ya lo tengo –dijo-, ya lo tengo…

Tomás tomó el metro y en una hora (Madrid es así) se plantó en casa. Saludó a Andrea con un beso y un abrazo, y después le contó todo lo que había vivido durante esos días. Le contó las dificultades por las que atravesaba el proyecto. Le contó el ambiente que se respiraba, la tensión hecha carne en un aire de color plomizo; y le contó también las manías de aquellos hombres, manías como las de Andrés Canals, quien siempre llevaba un mp3 donde tenía grabados los discos de Jimmy Hendrix, discos que escuchaba sin parar y que a veces, sin darse cuenta, tarareaba por los pasillos y hasta en mitad de las reuniones, sobre todo cuando éstas se hacían tensas, como lo habían sido casi todas en las que él había participado; le contó a su novia las manías de Mario Anglada, manías como la de meterse un whisky antes de cada comida, dándole un cuarto de vuelta al vaso cada vez que pegaba un trago, de tal forma que nunca bebía del mismo sitio, como si quisiera evitar algún tipo de enfermedad de transmisión por contacto. Si bien eso no era así, porque Mario nunca le había tenido miedo a ese tipo de enfermedades, sino que realizaba ese ritual porque era un poco maniático y un supersticioso de dos pares de cojones, con perdón de la expresión.

La cuestión es que bebía como un cosaco, y tenía rituales extraños, y que todos los allí presentes eran gente con rituales extraños porque eran gente sometida a mucha presión. Y Tomás se planteaba si en el fondo le gustaría pertenecer a esa élite. Y la respuesta era francamente sí, porque como ya hemos dicho, se lo tomaba todo como un juego, y no creía, francamente, que nunca le afectara tanto como a aquellos hombres.

Al día siguiente de todo esto, Tomás se levantó para ir a trabajar. En el banco se dio cuenta que su jefe, Mario Anglada, no había acudido aquella mañana. Se preguntó por qué y se preguntó dónde coño estaba.

-Estará buscando soluciones –pensó.

Tomás admiraba a su jefe. Sabía que Mario seguía al pie del cañón, dándolo todo, luchando por un "bonus" extraordinario o por un sueño, que para el caso era lo mismo. A media mañana, como una admonición, Tomás recibió una llamada telefónica de su jefe.

-Tomás, soy Mario –dijo por teléfono-. Estoy en una reunión y necesito que me hagas un favor. Envíame por fax a este número un informe sobre los datos de la empresa de Andrés Canals que tengo sobre mi mesa. Apúrate. Después quiero que os pongáis con el proforma. ¿Lo has entendido?

-Sí.

-Adiós.

-Adiós.

A Tomás le sorprendió la tenacidad de su jefe. Desde luego había mucho en juego. Se pasó el resto del día trabajando sin descanso, a excepción de una breve parada técnica en el bar El Oráculo.

-¿Tienes un bocadillo de jamón serrano? –pidió Tomás.

-Claro –contestó Horacio, quien se dispuso a preparar el bocadillo. Cuando estuvo listo se lo presentó en un plato, partido por la mitad y dijo:

-Es imprescindible que hable con Mario Anglada. Quiero que me conciertes una entrevista con él.

Tomás sabía que el viejo estaba un poco loco, pero no se pudo controlar.

-Mira, ¿por qué no dejas de tocarnos los huevos? – dijo Tomás alterado-. Tenemos problemas ¿lo entiendes? Y tú siempre tan pesimista, agobiándonos sin saber de qué va todo esto.

-Vaya, por lo que veo por fin se te ha subido el puesto a la cabeza. Vas por muy mal camino –dijo Horacio.

-Estás loco. Te crees que todo gira en torno a ti. Te crees un banquero y lo que eres es un borracho loco.

-Lo que yo crea no importa. Como tampoco importa lo que creas tú. Os estáis equivocando. El sistema está al borde del colapso, ¿cómo puede ser que no lo veas? No soy yo el que se está equivocando. ¡Sois vosotros! ¡Así que déjame hablar con Mario! ¡Ya! La deuda no es eterna. El dinero de la bolsa no existe. Alguien tendrá que pagar el pato. ¡Y seremos todos nosotros!

-Estoy cansado de gilipolleces –dijo Tomás alterado-. No te lo podría presentar ni aunque quisiera. Estamos muy ocupados. Me largo. Toma, bébete una copa a mi salud ¡banquero! –dijo con sorna.

Entonces soltó el dinero sobre la barra, cogió el bocadillo y se largó de allí. Una vez en la calle se sintió mal. Tomás no solía hablarle así a la gente, y menos a Horacio, un tipo que le caía sinceramente bien. Entonces se dio cuenta de que en las últimas semanas había estado sometido a mucha presión. Y que seguramente aún lo estaba.

Por la mañana Andrés Canals decidió retrasar su hora de entrada al trabajo para levar a su hija al colegio y luego poder hablar con su mujer. Desayunaron los tres juntos. A Marta, su hija, le hizo mucha ilusión encontrar a su padre en casa, porque siempre que se levantaba hacia rato que se había ido. Pero como estaba allí, le dio un beso en la mejilla.

-¡Papá!

-¡Buenos días cielo!

-Siéntate cariño, tómate los cereales –dijo Elia.

Delante de su hija, Elia estuvo muy afectuosa. Después llevaron a la niña al colegio entre los dos y volvieron conduciendo hasta casa.

-Esto no es vida, Andrés.

-Lo sé. Dame una oportunidad para demostrarte que puedo cambiar.

-Es demasiado tarde.

-No digas eso. Necesito unas semanas más. Sólo unas semanas. Después cerraré la operación y tendremos más tiempo.

-No puedo aguantarlo más.

-¿Qué es lo que no puedes aguantar más?

-Tu indiferencia. Ni siquiera nos peleamos. ¡Ojalá fuera eso! Así por lo menos hablaríamos.

-Todo va a cambiar, te lo prometo. Te quiero. Y quiero a Marta.

Andrés sonrió. Su sonrisa era encantadora y él lo sabía. La utilizaba como un arma.

-Quiero que todo esto salga bien y pasar más tiempo con vosotras –dijo-, quiero que volvamos a ser una familia, felices, todos juntos.

-Ya hemos llegado, puedes dejarme aquí.

Andrés detuvo el coche frente a la puerta de casa. Entonces sonó el teléfono.

-¿Cuánto tiempo puede tardar tu equipo en preparar lo que pide la CNMV? –preguntó Mario al otro lado de la línea.

-Perdona cariño, dame un segundo –le dijo a su mujer.

-Trabajando a "full time" cuatro días. Menos es imposible.

-Será muy justo –dijo Mario-. Sólo hay una opción, demostrar a la CNMV que el proforma auditado es algo que nunca ha exigido y que no tiene por qué hacerlo en este proyecto. Pero a cambio deberemos darle exactamente lo que pide, el proforma trimestral, sin auditar, claro está. De todos modos, a ver qué conseguimos de los auditores. Tal vez algún tipo de informe que diga que la base de partida o que la metodología utilizada es correcta, que no es una auditoría en toda regla, pero que dice que las cosas están bien preparadas. Así ellos no se pillan los dedos si algo sale mal y nosotros tenemos algo que ofrecer a la CNMV.

-¿Crees que funcionará? –preguntó Andrés mientras miraba directamente a los ojos de su mujer.

-Tiene que funcionar. Es nuestra única salida. Darles el máximo y hacerles entender que no nos pueden pedir algo que va en contra del tiempo mínimo imprescindible para conseguirlo.

-Se tendrán que conformar con el proforma y una buena actitud de la auditora –resumió Andrés.

-Exacto.

-Me pondré a trabajar inmediatamente.

-No esperaba menos de ti.

-Nos vemos el viernes.

-Hasta entonces.

Y colgaron. Elia se bajó. No le dio un beso, ni un abrazo, ni dijo otra cosa que no fuera:

-Adiós.

-Adiós –contestó Andrés-, hablaremos esta noche.

Ella caminó hacia el portal sin mirar atrás. Él puso primera y arrancó.

Todo el equipo de "corporate" había estado trabajando duro esas semanas. Eran muchos los frentes abiertos, informes de valoración, presentación para inversores, presentación para bancos, CNMV, y un largo etcétera. Mario no dejaba de pedir información, informes, y un sinfín de trabajo. Pero llevaba días obsesionado con el cara a cara con la CNMV.

Ignacio, el mejor amigo de Mario, se acercó a su despacho con la excusa de tomar un café. Se encontró al banquero concentrado en los informes de Fesmosa. Entonces decidió abordar un tema que hacía tiempo le rondaba la cabeza.

-Tengo que reconocer que la operación es cojonuda, puede ser la leche para el banco y una gran oportunidad para todos –dijo Ignacio.

-Lo es –contestó Mario-. Llevo tiempo planeándola y he estado estudiando casos parecidos que se han hecho en Estados Unidos. Tengo clarísimo lo que se tiene que hacer. Espero que la gente responda y esté a la altura.

Mario sentía que todo aquello lo había diseñado y pensado él sólo, que era exclusivamente su proyecto.

-Tenemos un buen equipo y parece que Andrés también lo tiene –observó Ignacio-. Pero Mario, quiero comentarte algo. Fesmosa es una empresa pequeña que ha operado en un sector muy corrupto, las posibilidades de que nos salpique algún escándalo son altas, y si sucede mientras estamos trabajando en el proyecto todo caerá. Y entonces pondremos en peligro nuestro prestigio, que como sabes, es el principal activo en nuestra profesión.

Mario cambió el gesto de su cara, las palabras de Ignacio le molestaron y le pusieron a la defensiva. Pensó que el Consejo le había mandado para sermonearle.

-¡Ya están esos viejos acojonados! —se quejó Mario-
Quieren la pasta pero no se atreven a arriesgar nada.

-No me han mandado ellos —aseguró Ignacio-. Te
estoy hablando como amigo. Para un minuto y hagamos
esta reflexión: ¿realmente vale la pena asumir el riesgo?

-¿50 millones de euros no te parece que valen la
pena? —le cortó Mario secamente-. Diles a esos viejos sin
sangre que con ese dinero tendrán una jubilación que
jamás habrían soñado.

-¡Joder, que no me han mandado ellos! —se quejó
Ignacio- Tío estás muy tenso últimamente, y más distante
de lo normal. Cada vez que alguien te da un consejo
piensas que queremos joderte la operación.

-Todos estáis poniendo dificultades, cualquier cosa
hace que os pongáis a temblar y enseguida vais a por mí —
se lamentó Mario.

-No es cierto. Creo que en esta operación has perdido
la perspectiva. En cualquier otro proyecto sería mucho
más objetivo. Los demás lo vemos desde fuera y te lo
decimos. Pero tú saltas como si estuviéramos diciendo
tonterías —le recriminó Ignacio.

-¿Que he perdido la perspectiva? ¡Vete a la mierda!
¿Crees que no soy consciente de lo complicado que nos
está resultando y de los riesgos que debemos asumir? La
operación tiene que salir, y para ello es inevitable

enfrentarse a esos riesgos. Tú y el resto del Consejo podéis decirme lo que ya sé o dejarme trabajar para intentar solucionar los problemas. ¡No vuelvas a decirme que he perdido la objetividad o a insinuar que pongo en riesgo al banco haciendo mal mi trabajo!

Mario estaba realmente indignado, no entendía nada que no fuera un entusiasmo total por *su* proyecto.

-No sé, espero que salga bien por la parte que me toca. Pero tranquilízate, no te pongas así. Yo sólo quería charlar. Sinceramente, creo que tu ego y tu ambición te están cegando –dijo Ignacio pretendiendo dar por terminada aquella conversación.

-Si pero la pasta que sacaréis no se la recrimináis ni a mi ego ni a mi ambición –contestó el banquero-. Que cara más dura –dijo Mario al aire sin esperar respuesta ni reacción a aquel comentario.

Después de aquel día, Ignacio y Mario estuvieron unos días esquivándose por el despacho.

Faltaba un día para el cara a cara con la Comisión y todos estaban un poco nerviosos. Para cambiar de aires, Tomás decidió acercarse a El Oráculo y charlar un rato con Horacio.

-Buenas noches –dijo Tomás.

-Es inminente –contestó Horacio-. El sistema está colapsado. Esto va a estallar y debemos estar preparados.

-Siempre tan tremendista, ¿verdad Horacio? –dijo Tomás.

Tomás no pudo dejar de pensar que si Horacio tenía razón, la operación que estaban preparando sería una ruina.

-Pero es imposible –se dijo-, imposible, ¿no?

-No estoy muy seguro de que todo esto valga la pena –le dijo a Horacio.

-¿Todo esto?

-Déjalo, no lo entenderías.

-Pruébalo.

-Me refiero a este mundo de finanzas y tiburones.

-Puedes estar seguro, no vale la pena –dijo Horacio.

-Eres demasiado crítico –aseguró Tomás-, siempre lo has sido y siempre lo serás.

-Algo te preocupa, tiburón insaciable.

-¿Te ríes de mí?

-Me río de todo el mundo. Pero algo te preocupa, lo veo en tus ojos.

-Me asusta que me conozcas tanto.

-Es la experiencia. El diablo es más sabio por viejo que por diablo, dicen.

-No me vengas con frases hechas.

-Perdón, me olvidaba que hablo con un licenciado. Pero dime, ¿qué te preocupa?

-Es este trabajo. En los últimos días me he visto envuelto en algo, digamos… muy grande, muy gordo, una operación de esas que hacen historia y que acaban en los libros de texto.

-Sé a lo que te refieres. Yo cerré muchas así en mis días de banquero.

Tomás pensó que desvariaba o que directamente le tomaba el pelo, pero no le dijo nada. Le dejó hacer.

-Lo que sucede –dijo el joven-, es que últimamente me estoy planteando muchas cosas.

-¿Sobre la honradez de esta profesión?

-Y otras cosas –dijo Tomás-, como la vida que lleva esta gente.

-Ya.

-Trabajan todo el día. Mi jefe, Mario, está solo y no sabe más que hablar de negocios. Creo que aunque tiene un nivel de vida muy alto, apenas disfruta de su tiempo. Su cliente, Andrés Canals, tiene una mujer y una hija, pero nunca las ve. Se pasa las horas y los días atendiendo a su empresa y sus interminables proyectos. Y yo me pregunto, ¿vale la pena?

-Yo puedo contestar a eso, con una historia.

-¿Ah sí? Adelante.

-Pero antes me gustaría que me prometieras una cosa.

-¿El qué?

-Que me presentarás a tu jefe, Mario Anglada.

-Ya te lo dije, no puedo hacer eso, además, ¿para qué diantre quieres conocerle? No es la clase de persona que se relaciona con camareros.

-Tú tampoco.

Eso hizo pensar a Tomás.

-Es cierto —dijo-, pero me siento cómodo hablando contigo.

-A lo mejor es que no perteneces a su mundo.

-A lo mejor… ¿no tenías una historia en la recámara?

-Sí.

-Pues adelante —le insinuó Tomás con la cara.

-Verás, una vez conocí a un hombre en Alemania que poseía la tierra más fértil que he visto en mi vida —dijo Horacio-. Si comías una naranja y arrojabas las pepitas al suelo, a las tres semanas habían brotado, y a los tres meses casi podías ver un árbol joven. Así de fértil era. El campesino estaba cerca del Valle del Rhin y tenía el privilegio de contemplar cada mañana uno de los paisajes más bellos de la tierra. Era de esas personas que se conformaba con poco. Se levantaba por las mañanas y se dedicaba a su huerto y a trabajar la tierra, lo justo para dar de comer a su familia. Le conocí por casualidad. Había acudido a la zona para cerrar un trato y me dijeron que había un buen hotel rural con un excelente restaurante. No podía perdérmelo. Durante la comida me hablaron de lo fértil que era aquella zona y de lo poco explotada que estaba, y de que si alguien, algún día, se dedicaba a ello de verdad, con cuerpo y alma, seguramente se haría de oro. De modo que decidí ser ese alguien. Despejé mi agenda y me dispuse a permanecer unos días más para intentar hacer negocios con el campesino, quien además era un latifundista gracias a una herencia. De modo que allí estaba, frente a aquel hombre que rebosaba humildad por los cuatro costados; yo, el gran banquero, trajeado, encorbatado, muerto de ambición. Y se lo dije. Le dije: "amigo, tiene que darle más rentabilidad a sus tierras", "¿cómo?", preguntó. Y yo dije: "haciendo una pequeña inversión, comprando maquinaria, un tractor, y explotando sus cultivos. Luego conseguirá venderlos y con las ganancias podrá comprar otro tractor y contratar jornaleros. Yo puedo ayudarle. Puedo hacerle un buen crédito a cambio de un porcentaje". "¿Qué porcentaje?", quiso saber. Y yo le dije que el porcentaje sería justo; justo para él y justo para mí; adecuado al riesgo que los dos corríamos, por si las cosechas iban mal, o si el mercado se hundía, o si bajaba Dios en forma de plaga de langostas o en forma de rayo fulminante o ángel exterminador. Y añadí: "Más adelante adquirirá un camión, y así ahorraremos en gastos de transporte, porque los intermediarios son imprescindibles al principio, pero luego hay que dejarlos de lado y controlar todo el proceso. Y a medida que ahorremos por un lado, invertiremos por otro, y a mayor inversión, mayor será nuestra rentabilidad, si me permite que ya me vaya identificando con el negocio. Y habrá un momento en que tendremos una flota entera de camiones. Llegará el día en que toda la tierra estará explotada y nuestros beneficios serán tan grandes que nos podremos plantear adquirir más terrenos, y tal vez, algún día, podamos invertir en otros sectores como el de la construcción". "Parece mucho trabajo", dijo. "No nos engañemos", dije yo, "lo es. Mucho trabajo. Pero después de unos cuantos años de sacrificio y duro trabajo tendrá el suficiente dinero para retirarse. Incluso podremos plantear vender un negocio tan lucrativo a terceros y podrá retirarse. Toda su tierra lo vale, amigo mío", le dije seguro de haberle convencido. "¿Y qué haré entonces?", preguntó. "¿Qué hará entonces?", pregunté yo estupefacto, "Pues hará lo que quiera, lo que le venga en gana", dije. "¿Lo que yo quiera?", dijo, "lo que usted quiera", dije. Y luego pregunté: "¿Qué es lo que más le gusta hacer en esta vida?" "Me gusta cultivar la tierra, tener mi propio huerto, levantarme por las mañanas y ver salir el sol mientras oigo cantar a los pájaros", dijo. Y yo dije: "Pues podrá comprar el lugar de sus sueños, y dedicarse en cuerpo y alma al huerto que anhela". Entonces dijo algo que he tardado mucho tiempo en comprender; algo que, en el fondo, creo que no he comprendido nunca; algo que llega más allá de lo que muchos hombres pueden comprender jamás. Dijo: "todo eso ya lo tengo". Y yo me quedé de piedra, sin entender nada. Y añadió: "Ya tengo ese huerto, y esa tierra, y ese paisaje, y esos pájaros. Tengo todo lo que necesito y no necesito más. Váyase. Me está proponiendo un negocio que lo único que me va a proporcionar, si sale bien, es una pérdida de tiempo y un esfuerzo incalculables. Y si sale mal, perderé todo lo que tengo". Entonces me marché, no sin antes darle la mano y pensar que aquel hombre estaba loco y que acababa de perder la oportunidad de su vida. Lo pensé durante muchos años. Pero ahora lo entiendo. Con el tiempo he comprendido que él tenía toda la razón, el ya poseía su huerto, su sueño. Algo que podía tocar y que no requería de grandes sueños de grandeza.

Tomás se quedó en silencio pensando en la historia que le había contado Horacio.

-¿Quién coño es este tío? –pensó.

Luego miró el reloj y se dio cuenta de que había alargado en exceso su descanso.

-Me tengo que ir –dijo.

-Pues adiós –dijo sin afectación alguna el barman.

Y Tomás, por un momento, tuvo la sensación de que Horacio no estaba allí, y que en realidad estaba loco y se encontraba en el bar de la esquina sin nadie alrededor, hablando a solas con su propia conciencia.

Mario había preparado aquella reunión a fondo. A su favor jugaba que Andrés ya se estaba curtiendo en reuniones con la Comisión, y sería más fácil de controlar. Por otro lado, Andrés ya había movido algunos hilos que consideraba necesario. Todos los presentes ya se conocían de las reuniones anteriores, así que después de unos breves saludos de cortesía en seguida se centraron en la razón que les había llevado a aquella sala.

-¿Qué tal los mercados? ¿Muchas emisiones últimamente? –se interesó Mario.

-La verdad es que tenemos a todos los equipos trabajando como locos, el mercado está que no para. Las recientes salidas a bolsa, OPA´s y ampliaciones de capital son lo más llamativo para la prensa y nos tiene bastante ocupados. Además, la actividad de los fondos y emisiones de deuda nos tiene saturados –respondió el director de la CNMV mientras el analista de la Comisión ponía cara de agobio.

-Bueno, nosotros hemos intentado daros el menor trabajo posible. La verdad es que el equipo de la compañía está haciendo un buen trabajo para explicar con mucho detalle toda la información en el folleto –afirmó Mario mientras clavaba sus ojos en el analista, que mostró su desacuerdo con la mirada.

Mario intentaba llevar la reunión por cauces lo más cordiales posibles, pero sabía que en cualquier momento se desatarían las hostilidades.

El director cortó al analista antes de que empezara a hablar.

-Entiendo que estáis trabajando duro. Pero ya sabéis, que más allá de la información que incluyáis en el folleto (que según me dicen aún es mejorable), hay otros puntos que realmente nos preocupan.

-Entendemos vuestras preocupaciones y por eso estamos aquí hoy –dijo Mario- para aportar y comentar todo lo nuevo que nos habéis pedido.

-No hay nada nuevo, es algo que os hemos pedido desde el principio, lo que sucede es que ya hemos cerrado otro trimestre y hay que actualizar la información – interrumpió el director.

-Bueno, en la práctica es información nueva solicitada y os pedimos que entendáis el esfuerzo que está haciendo la compañía para poder aportarla –rebatió Mario a quien se le empezaba a calentar el corazón.

El resto de asistentes miraba aquella conversación como el público de un partido de tenis. El calor en la grada iba subiendo y los jugadores cada vez devolvían la pelota con más fuerza.

-Bueno –dijo el director-, entendemos el esfuerzo que tenéis que hacer. Pero supongo que cualquier empresa del sector posee valoraciones de sus activos actualizadas trimestralmente. Y si quiere completar una operación de esta envergadura el proforma, la foto de cómo sería la empresa con la operación cerrada, tiene que estar claro – concluyó con cinismo.

-Tenemos clarísima tanto la foto como las valoraciones. Pero no se prepara apretando un botón. Lleva tiempo y el mercado no espera eternamente. Si por preparar toda esta documentación pasa otro trimestre estaremos en las mismas. Por eso, queremos encontrar un punto en el que podamos facilitar la información necesaria en un tiempo razonable –recondujo Mario.

-Mario, te pongas como te pongas, esa información es imprescindible para que la CNMV pueda aprobar la operación. Cualquier empresa cotizada tiene que estar preparada para reportar periódicamente todo lo que desde aquí se le solicite.

-Es muy fácil pedir desde esta mesa que se prepare una información de un día para otro, pero las empresas no sólo trabajan para dar información a la CNMV, tienen su día a día y deben ganar dinero.

A medida que decía esto Mario se daba cuenta de que había sido demasiado transparente en esta ocasión. Quería matarlos, pero sabía que si le perdían las formas, más allá de lo razonable, aquellos funcionarios se cerrarían en banda definitivamente y no habría nada que hacer.

-Nosotros vigilamos por el interés de los pequeños inversores, y si consideramos que esa información es necesaria para aprobar la operación es porque no queremos que puedan sufrir quebrantos en el futuro –dijo con tono institucional el director.

-Venga hombre, vosotros vigiláis por el gran inversor. Si fuéramos Telefónica, Sacyr o cualquiera otra de las grandes esta reunión habría sido totalmente innecesaria. Aplicáis las reglas a rajatabla con los débiles –le recriminó Mario.

-No tienes razón en absoluto. A los grandes les pedimos lo mismo que a los pequeños, y a vosotros no os pedimos nada que no hayamos pedido a los grandes –se defendió el director.

Mario sonrió por dentro. Había conseguido llevar aquella reunión justo al punto que quería llevarla.

-Bueno, en realidad eso pensaba yo también – reconoció Mario-. De hecho, hemos revisado todas las operaciones de inmobiliarias que nos han precedido y hemos hablado con Richard Ellis. Nos han informado que otras inmobiliarias cotizadas han tomado como base de partida la valoración a cierre del año anterior y han aplicado tasas de crecimiento de acuerdo con el comportamiento del mercado. Así presentaron sus valoraciones trimestrales actualizadas. Eso ya está preparado y os los facilitaremos esta misma tarde.

El director le miró con una mezcla de rencor y sorpresa.

-Respecto al proforma –continuó Mario-, basándonos en los precedentes del mercado, seguro que estaréis de acuerdo con nosotros en que sería suficiente que el auditor emita un informe en el que certifique que se han seguido los mismos procedimientos que para hacer el proforma anual ya preparado; y que son metodológicamente correctos –concluyó Mario.

-Vosotros sois una empresa con un modelo de negocio algo diferente al resto, por eso tenemos que tener más claro lo que hacéis. Por eso tomamos más precauciones para asegurarnos que se explica bien al mercado –dijo el director con cierta suavidad.

-Estamos totalmente de acuerdo –respondió Mario convencido-. Todos tenemos el mismo interés en transmitir exactamente al mercado y a todos los posibles inversores la realidad de esta empresa y de su proyecto. Os remitiremos lo antes posible el informe de los auditores firmado para poder completar el documento de registro – dijo Mario mientras recogía toda su documentación y se preparaba para levantarse.

Un sentimiento de victoria invadió a Mario y a todo su equipo. La CNMV había dado un sí con la boca pequeña, pero ese sí era el principio de todos los sueños.

Capítulo VI: Los inversores

Empezaba otro baile. Al día siguiente se iniciaban las reuniones con los inversores que debía apostar por el proyecto. Eran quince en total. También se había invitado a algunos bancos para sondearles y averiguar cómo veían la operación. Iba a ser un gran día, desde luego; además de una prueba de fuego. Hasta ahora todo había dependido de Mario, Andrés y sus respectivos equipos. Pero ahora se trataba de que terceros se convencieran de que el proyecto era rentable. Mario y Andrés habían dudado entre hacer una presentación conjunta a todos los potenciales inversores, o hacerlas una a una, por separado; incluso habían barajado hacer las dos cosas. La primera opción podía dar lugar a la peligrosa situación de que algún inversor más despistado, o algún analista demasiado preguntón, sembrase dudas sobre la bondad del proyecto en los otros inversores que venían ávidos de nuevos proyectos y rentabilidades exageradas; inversores que, en definitiva, querían un trocito del pastel. Finalmente optaron por organizar un "one-to-one" para cada inversor.

Y justo cuando las reuniones estaban a punto de empezar, las cosas se pusieron complicadas en casa de Andrés.

-Me dijiste que era cuestión de dos semanas, y ya ha pasado más de un mes desde entonces –dijo Elia.

-Hemos tenido problemas, ya lo sabes –dijo Andrés, casi rogando-. Éste es el final del trayecto. Me tengo que ir cuatro días para convencer a los inversores para que apuesten por la empresa. Después de eso, volveré a casa, y ya no me marcharé.

-Cuatro días... llevas cuatro años sin pisar esta casa.

-Cambiaré. Pero después de esto mi vida –dijo Andrés con una atractiva sonrisa. Después dio unos pasos y la abrazó. La besó en la frente. La cogió por los hombros y posó sus ojos sobre los suyos.

-Te quiero. Volveré pronto ¿me esperarás?

Silencio. Una lágrima. Un abrazo largo y cálido.

-Sí –dijo Elia.

-Adiós.

-¿No te vas a despedir de Marta?

-No quiero despertarla. Tengo prisa y debo estar en Madrid en unas horas. Tenemos tres duros días de reuniones y hay que prepararlo todo.

Tomás llegó a casa muy cansado. Llevaba meses trabajando como un loco todos los días, pero esa última semana había sido demoledora. Era muy tarde. Su novia se había ido a dormir. Se dejó caer en el sofá. La poca energía que le quedaba la estaba concentrando en decidir qué cenaría aquella noche, aunque en realidad no existía tal decisión, sería la nevera la que decidiría qué restos estaban disponibles a aquellas horas intempestivas. Intentó beber un vaso de leche pero estaba agria.

-Mierda –dijo con ese sabor ácido en la boca.

Tenía quince minutos para tomar algo y descansar. En unas pocas horas debía acabar la presentación para los inversores. Repasó y concluyó las presentaciones y los informes. Y cuando estuvo todo listo, no consiguió dormirse. No dejaba de darle vueltas a cómo había llegado a esa situación. Sus amigos tenían tiempo para montar cenas, fiestas y viajes. Mientras que él estaba cansado de anular fantásticos planes, incluso viajes, como aquella vez que llamó a sus amigos cuando ya estaban llegando al aeropuerto y los dejó colgados. Desde aquel día ya no le esperaban, así que dejó de apuntarse a sus viajes. Y como era de esperar, pasado un tiempo, dejaron de llamarle. No sabía que había pesado más en la decisión de trabajar en este sector, pero socialmente pasaba factura.

-¿Me he dejado arrastrar más de lo que creía por el glamour de las grandes operaciones y la banca de inversión? –se preguntó.

Prefería pensar que, de alguna manera, los motivos de su entrega y dedicación profesional, eran su afán por aprender y el hecho de estar cerca de los centros de tomas de decisiones importantes. Lo que sucedía es que luego se veía así mismo compitiendo como el que más, sumergido en la vorágine de la actividad diaria, y se sentía extraño. Pero, reconociéndolo, cada vez se sentía menos extraño compitiendo.

La verdad es que el sueldo y el esperado "bonus" de principio de año eran un argumento de peso para olvidar por un momento esos viajes anulados.

-Cuando termine este proyecto organizaré un viaje por todo lo alto a una fantástica isla griega, quizás Santorini. Y volveré a llamar a mis amigos –pensó.

Pero era consciente que sus amigos no podrían seguir el ritmo de un viaje así.

-Bueno, lo montaré y ya veremos con quién voy –se dijo.

-¡Mierda, las copias!

Era muy tarde pero en alguna pequeña habitación la luz estaba encendida y Tomás seguía imprimiendo copias y copias de la última versión que había llegado hacía unos minutos.

Mientras, Mario y Andrés terminaban la cena con parte del equipo preparando las reuniones del día siguiente. Sentían una mezcla de adrenalina y euforia. Había mucho trabajo por delante.

Y llegó la hora. Tres jornadas de negociaciones difíciles. Se habían comprado trajes nuevos. Caros. Muy caros. Repasaron los documentos por última vez. Vistieron esos trajes y se dirigieron al gran hotel. Se les resecaron los labios y les sudaban las manos. Estaban nerviosos. Claro que sí, cómo no iban a estarlo. Pero también estaban excitados, porque no todos los días un gran proyecto como aquel sacudía los cimientos de sus vidas. Tomás se acercó al despacho y recogió junto con algún compañero parte de las presentaciones, la primera reunión empezaría en apenas una hora. El resto las llevaría un mensajero hasta el hotel. Tomás salió disparado. Y se encontró con Andrés y Mario en el hall.

-¿Creéis que conseguiremos el dinero? –preguntó Tomás antes de entrar.

-No te quepa la menor duda –contestó Andrés.

-Lo conseguiremos aunque tenga que arrancárselo a mordiscos –dijo Mario.

En la primera reunión a puerta cerrada expusieron su proyecto a un importante fondo de inversión. Esperaban de él que invirtiera la friolera de 100 millones de euros.

Allí estaban el director financiero, Andrés, Mario Tomás y un abogado. Por su parte, el fondo estaba representado por un socio, un director y un analista. El socio era un hombre maduro, vestido con un impecable traje gris perla. Llevaba el pelo peinado hacia atrás, un pelo blanquecino y rizado que le daba cierto aspecto de mafioso. Su expresión, como la de todos, era neutra, pero de un neutralidad en constante tensión, como si su rostro fuera incapaz de expresar ninguna emoción y al mismo tiempo le costara un gran esfuerzo no expresar ninguna emoción, como si, en realidad, sí existieran emociones tras esa máscara de acero, pero emociones muy lejanas y distantes; emociones que no se debían desvelar hasta llegar al coche, o mejor, hasta llegar a casa y hablar con la mujer y los hijos; emociones que eran las mismas, suponemos, que las que tendrían jugadores de póquer en la final del campeonato mundial; emociones, por fin, que prometían más emociones, y que al final se podían traducir (como todo, o como casi todo en esta vida) en varios ceros en la cuenta del banco.

-…y con la compra de ese grupo inmobiliario –dijo Andrés- formaríamos una empresa valorada en 1.600 millones, en un sector en constante crecimiento, que se revalorizará más de un 16% cada año.

Lo vieron enseguida. Vieron la codicia en los ojos que aquellos hombres. ¡Por supuesto que era un buen negocio! Por supuesto. Dijeron que sí. Se dieron la mano. Los dos amigos escucharon un grito silencioso en su interior.

Cuando salieron profirieron ese grito que habían escuchado entre las paredes de su alma, reprimido en aquella sala de conferencias.

-¡Aaaaahhhhhh! –gritó Andrés.

-¡Bieeeeeeeenn! –dijo Mario cerrando el puño en señal de triunfo.

-¡Esto marcha! –dijo Tomás, también emocionado.

Se fueron a tomar un café. En breve tenían otra reunión.

Después de varias reuniones se habían aprendido el discurso de memoria. Se estaban acabando los inversores y la cifra suscrita, la cifra que pretendían conseguir aún estaba lejos.

-Vamos muy justos –dijo Mario.

-Eso ya lo veo, pero aún podemos conseguirlo –le respondió Andrés, quien confiaba mucho en su encanto, atractivo y poder de convicción.

Los siguientes con los que debían mantener un "one-to-one" eran de un fondo de inversión inglés. Andrés, algo más suelto, les largó el mismo rollo a aquella gente.

-No lo veo claro –dijo el consejero en inglés.

El consejero era un hombre de unos cuarenta y cinco años, traje oscuro, ojeras y cara de póquer. Parecía un hueso duro de roer.

-El sector está en alza, conseguirá una rentabilidad desde el primer día y amortizará la inversión en 5 años, eso si no la vende antes, dados los enormes beneficios que podrá conseguir por las acciones –expuso Andrés con su mejor sonrisa.

-El sector, contrariamente a lo que dices, está sufriendo una desaceleración –prosiguió el consejero en un inglés perfecto con un deje de sarcasmo-. No sabemos si nuestro fondo está dispuesto a asumir el riesgo. Tenemos que darle una vuelta –concluyó.

-Los datos son claros, están dejando escapar una gran oportunidad: convertirse en accionistas significativos de una futura empresa del Ibex-35.

Se levantaron, haciendo rechinar las sillas contra el suelo.

-Gracias por su oferta. Les mantendremos informados de nuestra postura –dijo el consejero.

-Gracias por su tiempo –dijo Mario en tono conciliador.

Salieron de allí. Se fueron al bar del hotel.

-¡Me cago en la puta! –gritó Andrés- ¡Pensé que los tenía!

-No todos comen de tu mano –dijo Mario. Y después-: ¡Esos cabrones van a joder toda la operación!

-¡Mierda! –dijo Tomás- ¿No podemos pasar sin ellos? ¿No podemos ajustar los números?

-¡Vamos muy justos!

-¿Y qué hacemos?

-Seguir adelante, y déjame hacer a mí, ¿de acuerdo? Si se trata de vender algo yo soy el mejor –dijo Andrés de forma despectiva (tal vez por los nervios)-. Así que mantén la boquita cerrada ¿vale? No la cagues –le advirtió a Mario.

-¿De qué coño estás hablando? –replicó Mario-. No soy ningún novato, ¡Si estás aquí es gracias a mí! ¡Esta operación es mía! ¡Así que cuida ese lenguaje!

-¡Te equivocas! ¡Estamos aquí gracias a mi empresa y a mis gestiones!

-¡Vete a la mierda! ¿Quién te crees que ha valorado la empresa que estás vendiendo?

-Vale, calmémonos. Los dos nos jugamos mucho,

-Está bien. ¡Camarera un whisky! –pidió Mario.

-Tenemos una reunión dentro de media hora, haz el favor de no beber.

-No me digas lo que tengo que hacer. El alcohol me relaja y me ayuda a pensar.

Cuando los tres días acabaron, la cifra de compromisos estaba por debajo de los 1.000 millones que habían planeado. Cada uno volvió a su casa con un sabor agridulce pegado al paladar.

Todo ello no significaba más que la cosa se alargaba, que había que conseguir más inversores de algún modo, y que para nada había que dar por finalizada la batalla.

Mario Anglada realizó una llamada telefónica a Andrés Canals a su casa de Barcelona. El tono era optimista pero nervioso.

-Estoy cerrando las negociaciones –dijo Mario-, he encontrado un fondo de inversión que está interesado en el proyecto.

-¡Fantástico! –dijo Andrés.

-Pero tienes que acompañarme. No puedo hacerlo solo.

-¿Por qué no? ¿No acabas de decir que están interesados?

-Sí, pero sabes perfectamente que nadie vende este proyecto mejor que tú. Ahora sí que necesitamos tus dotes de soñador emprendedor.

-Verás –contestó Andrés-, estoy con mi mujer. No nos va muy bien y tenemos que hablar.

-Te lo dije, las mujeres y los negocios no son compatibles.

-Esto para mí es importante, ¿vale? ¡Joder, estoy hablando de mi mujer y de mi hija! ¡Les prometí que no volvería a dejarlas! –dijo Andrés sin demasiado convencimiento, porque sabía que lo que decía Mario era verdad: no había nadie, mejor que él para dar vida al proyecto en la imaginación de los demás.

-Te necesito, Andrés, de lo contrario se irá todo a la mierda –dijo Mario muy serio-. Tenemos una cita esta tarde. No podemos hacerles esperar. Andrés, es nuestra oportunidad.

-No puedo…

-Andrés, escucha, no lo haces por ti. Ni siquiera por la empresa de tu familia. Lo haces por ellas. Díselo. Diles que estarás un día fuera, a lo sumo dos, y que cuando regreses traerás bajo el brazo un acuerdo que garantizará su futuro para siempre.

En realidad esas eran las palabras que Andrés necesitaba escuchar.

-Elia no lo va a entender.

-Tiene que hacerlo, no hay otra salida.

-Está bien, se lo diré –dijo Andrés.

-Te espero. Date prisa –concluyó el banquero.

Y colgaron. Andrés guardó el teléfono móvil en el bolsillo de su pantalón y se dirigió al comedor donde Elia y su hija estaban viendo la televisión. Su cara era un poema, tanto que hasta la niña pudo darse cuenta.

-¿Qué te pasa papá?

-Tengo que irme, cielo, será sólo hasta mañana –dijo Andrés mirando a los ojos de su mujer mientras hablaba.

Esos mismos ojos se volvieron vidriosos, acuosos, pero no llegaron a llorar. Al igual que esos labios, que no se abrieron para pedir que no lo hiciera, ni para suplicar que se quedara, sino que sólo se abrieron para decir:

-Cuando vuelvas ya nos habremos ido.

Y lo dijo de tal manera que la niña no captó todo su significado. Podría ser que se hubieran ido a dar una vuelta por el parque, o a comprar, o a casa de los abuelos. Podría ser todo eso, sí. Pero no, no era todo eso. Lo dijo de tal manera que Andrés entendió perfectamente que si se marchaba las perdería para siempre.

Había que tomar una decisión.

-Me gustaría hablar contigo dentro de unos días –dijo el empresario.

Ella se levantó, apagó la televisión y cogió la mano a la niña para llevársela a su habitación. Iba a leerle un cuento, pero en realidad estaba escapando de su marido.

-No entiendes nada –dijo cuando pasó a su lado.

Él la retuvo, sujetándola por el brazo.

-Te quiero –dijo.

Pero sonó a orden. No a cariño.

-¿Entonces por qué me haces esto?

-También es mi hija –contestó Andrés.

Ella se zafó y continuó andando.

-Vete si es lo que quieres –dijo.

Y desapareció tras la puerta de la habitación infantil. Andrés miró al suelo y después sacó el móvil de su bolsillo. Hizo una llamada para que prepararan su jet. Un par de horas después ya estaba en el aire.

Tomás se tomó el café a toda prisa mientras se anudaba el nudo de la corbata.

-¿Por qué tienes que volver a irte? —le preguntó su novia.

-Ha salido un nuevo e importante inversor; tenemos que convencerle entre todos.

-Me prometiste que me dedicarías la tarde.

Tomás se plantó delante de ella con el nudo de la corbata a medio hacer y le puso las manos en la cadera.

-Es mi trabajo, ¿lo entiendes? El proyecto me necesita. Soy parte integrante de un equipo financiero, ya lo sabes, y tenemos algo importante entre manos. No puedo dejarlo a medias.

-Ya no te veo.

-Cuando todo esto acabe, planearemos un gran viaje a las islas griegas, ¿de acuerdo?

-De acuerdo.

-Adiós, preciosa.

-Adiós —contestó ella con resignación.

Tomás sabía, de alguna extraña manera, tal vez de una manera inconsciente, que estaba mintiendo a su novia, y que, por ende, se estaba mintiendo a sí mismo. Ese no era el final, sino el principio. Su trabajo le absorbía de tal modo que la atención que le dedicaba a su novia era cada vez menor. El banco, lo quisiera reconocer o no, se había convertido en una bestia que lo devoraba todo a su paso: tiempo, sueño, amigos, libertad, pareja... Lo engullía todo para fabricar dinero. Ahí estaba la clave, en el dinero ¿no? para eso aquella reunión a la que se dirigían, para eso tantas reuniones que la habían precedido. Para eso. Y sólo para eso.

-Poderoso caballero –dijo Tomás inconscientemente.

Andrés se afeitó frente al espejo. Con cuidado. Con mucho cuidado. No quería que sus inversores vieran en su rostro un corte, porque podrían pensar que era una persona nerviosa, o descuidada. Quería dar buena impresión. Él era la cara bonita y el pico de oro de todo aquel proyecto. Tenía que deslumbrarlos. Tenía que hacerles ver que esa era la oportunidad de su vida. Tenía, en definitiva, que venderles la moto. Después se puso el traje y se miró al espejo. Estaba impresionante. Se hizo un guiño y se señaló con el dedo índice extendido; un ademán algo cursi, pero que denotaba seguridad en sí mismo. Luego fue al mueble bar y se sirvió una copa. El ruido de los hielos repiqueteó contra la superficie del cristal.

-Perfecto –dijo-, ahora estoy preparado para cualquier cosa.

Entonces cogió su carpeta con los papeles que necesitaba, los repasó y cuando el avión tomo tierra descendió por las escaleras de su jet privado.

-Lo conseguiremos. Estoy seguro –se dijo.

Se encontró con Mario y Tomás en la recepción del hotel. Los tres caminaron al encuentro de los inversores. Andrés tomó la palabra, se dirigió a la sala de reuniones y adoptó el papel de triunfador. Les miró como si fuera el rey del mundo y ellos súbditos que tuvieran que aprenderlo todo de él. Los sedujo con su personalidad, no con los números de Mario.

Cuando salieron de la reunión ninguno se lo podía creer. ¡Lo habían conseguido! Los inversores habían quedado encantados. Todos pensaron que era una buena oportunidad para hacer mucho dinero. Retomaron las negociaciones con los bancos. En breve se haría una transacción de muchos millones de euros.

Andrés, por fin, sintió que estaba en la cresta de la ola y que desde allí el paisaje que veía era sinceramente evocador: dinero, poder, fama, gloria. Lo tenía todo. Todo menos a su familia, porque cuando volviera a casa, ellas ya no estarían allí... pero estaba convencido de poder recuperarlas.

Mario y Tomás se miraron como se mirarían un maestro y su discípulo. Uno desde la cumbre. Otro desde el valle, soñando algún día en llegar, e incluso en superar, las alturas que había conquistado su predecesor.

-Dentro de tres días llegará el dinero de todos los inversores–dijo Mario.

Desde las ocho de la mañana Andrés, Mario y Tomás estaban en el banco. No había por qué. El dinero tardaría en llegar. Pero no querían perderse ni una cifra, ni una coma, del manantial inacabable de dígitos. La máquina de café estaba saturada. Se respiraba una atmósfera de gran expectación. No se sabe muy bien cómo. Estaba en el aire. Las teclas de los ordenadores hacían menos ruido. Se hablaba bajo, como si una palabra en un tono de voz más elevado de la cuenta pudiera disipar la atmósfera de magia que impregnaba el lugar. Sí, magia. No era para menos. Tanto esfuerzo y tantas horas de trabajo habían culminado en una inversión de 1.000 millones de euros, cantidad que llegaría durante todo el día a la cuenta de la entidad bancaria de Mario.

Los directivos se frotaban las manos. Todo había salido bien. La venta se había cerrado, pero faltaba lo más importante. Faltaba ver el dinero. Tomás no había sido testigo de una operación así en su vida. Es cierto que era muy joven, pero pocos banqueros más entrados en años podían soñar con ver algo así algún día. Era cuestión de suerte. Bueno, suerte y capacidad, y ganas, y trabajo e inteligencia, y riesgo, y visión de futuro. Y maldad y villanía y riesgo y mentiras y arrogancia. Cualidades todas éstas que Mario poseía en grado sumo, cualidades que hacían que Tomás lo venerara en silencio como a su Dios particular, cualidades que, también, provocaban en el joven asesor dudas y contradicciones, contradicciones e incógnitas, porque por un lado quería ser como él, pero por otro lado lo aborrecía.

En unas cuantas horas Mario sería merecedor del "bonus" más impresionante que Tomás había visto en su vida. Y eso no era moco de pavo. De hecho, a Mario se le temía y se le respetaba a partes iguales. Era un tiburón. Y los tiburones, ya se sabe, nadan solos por el océano con su realeza divina.

Entonces el dinero comenzó a llegar. Unos millones. 175. Euforia. Vítores. Gritos de victoria. 250. Apoteosis.

600 millones. Clímax. Océanos de alabanzas y plegarias atendidas. 1.000 millones. La cifra deseada. El olimpo de las finanzas.

Sí. Lo habían conseguido. Por fin Mario y Andrés, sin ningún tipo de dudas, se habían convertido en Dios.

Capítulo VII: Plegarias atendidas

Más o menos por estas mismas fechas Tomás salió del banco a una hora temprana a la que no solía salir. Llamó por teléfono al teatro y reservó entradas para una obra que hacía meses que su novia deseaba ver.

-Le voy a dar una sorpresa –pensó.

Entonces, lozano, condujo hacia una floristería en su recién estrenada moto. Una seis y medio. Pedazo de máquina. Algo no animado, pero que le hacía sentir jodidamente bien. Aparcó en la acera. Privilegios de las dos ruedas. Entró y compró un ramo de rosas. Entonces al salir la vio. Estaba tomando un café con otro. Se la veía sonriente, muy contenta y feliz. Tomás se dio cuenta de que hacía meses que no la veía sonreír así.

-¿Quién coño será ese tipo? –pensó.

Así que cogió su móvil y la llamó por teléfono.

-Hola dulzura, soy yo –dijo Tomás.

-¡Hola! –contestó ella un poco nerviosa- No esperaba que me llamaras.

-¿Qué haces? ¿Dónde estás?

-Estoy en el bufete, con un cliente –dijo Andrea.

-¿En el bufete?, oigo ruido de tráfico.

Entonces vio como tapaba el móvil con una mano. Tomás la observaba escondido.

-Hay una ventana abierta –dijo-. Oye te tengo que dejar, tengo mucho trabajo.

-Vale cariño, nos vemos esta noche en casa.

-Hasta luego.

-Adiós.

Tomás tiró las flores a una papelera y llamó para anular las entradas al teatro. Por la noche, cuando volvió a casa y se encontró con Andrea, lo primero que le dijo fue:

-Sé que no has estado en el bufete. Te he visto esta tarde tomando café en la terraza de un bar.

Ella se sonrojó y guardó silencio.

-¿Quién cojones era ése? –preguntó Tomás.

-Era uno de mis clientes –contestó Andrea.

-Tratas demasiado bien a tus clientes, cariño –dijo Tomás.

-No seas sarcástico, no va contigo.

-¡Tampoco va contigo ponerme los cuernos!

-No te he puesto los cuernos –dijo ella-, todavía no ha pasado nada.

-¿Todavía? ¿Qué quiere decir "todavía"? ¿Le quieres? –preguntó Tomás.

-¿Qué?

-Es una pregunta sencilla ¿le quieres? –insistió de nuevo el joven.

-No es una pregunta sencilla –alegó Andrea.

-Me da igual, contéstala ¿le quieres o no le quieres?

-No lo sé –dijo la muchacha- es todo muy complicado.

Tomás se sentó al borde de la cama con los codos sobre las pierna y las manos en las mejillas.

-¿Cuánto hace que dura esto? –preguntó

-Un par de meses –contestó ella-, desde que te absorbió tu proyecto.

Silencio.

-Estás cabreado –dijo Andrea al fin.

-No. Estoy decepcionado.

-Claro.

-No estoy decepcionado contigo, estoy decepcionado conmigo.

-¿Por qué?

-Por que no me di cuenta.

-¿A qué te refieres? Desvarías. ¿Estás bien?

-Sí. O creo que sí. Es sólo que me pregunto cómo no me di cuenta de que estábamos tan separados, cómo no vi las señales.

-Nunca estabas en casa y me sentía sola –se lamentó ella.

-No me di cuenta… –repitió Tomás.

-¿Qué podemos hacer ahora?

-No lo sé. Necesito pensar.

Y se fue a caminar por la ciudad.

-Hay más lágrimas derramadas por las plegarias atendidas –sentenció el Oráculo.

-¿Quién dijo eso? –preguntó Tomás.

-¿Acaso no lo sabe una persona que lleva nombre de santo?

-Pues no, no tengo ni idea –contestó Tomás.

-Fue otra santa. Santa Teresa sin ir más lejos. Los chinos tienen un refrán parecido, algo que suena así como: "cuidado con lo que deseas, porque puede cumplirse".

-¿A qué viene todo esto?

-A que conseguir algo no implica necesariamente la felicidad. Al contrario, puede volverse contra ti.

-¿Te refieres a lo que me ha pasado con Andrea?

-Por supuesto –dijo Horacio-. Y también me refiero a los préstamos millonarios que tu banco le ha concedido a la empresa inmobiliaria de Andrés Canals.

-¿Cómo sabes eso?

-Leo los periódicos. ¿Y sabes qué? No vais a conseguir colocar la deuda. Pero no será culpa vuestra, se avecina una crisis de padre y muy señor mío.

-¡Venga hombre! ¡Déjalo! ¡Tú siempre tan negativo! ¡Necesito palabras de ánimo, no que me hables de crisis financiera!

-Tu banco ya tiene problemas para colocar la deuda –dijo el Oráculo muy serio-, y ello se debe a la crisis inminente que se avecina. Esto nos va a salpicar a todos. Incluso a mí. Me temo que dentro de poco tendré que cerrar.

-No digas tonterías. Se te ha ido la cabeza.

-Eso es lo que tú crees. Eso es lo que cree todo el mundo. Yo ya he vivido esto. No me viene de nuevo. Los signos son claros e inequívocos y hasta un tonto (o un loco) podría leerlos. Incluso tú, Tomás, un simple asesor, deberías percatarte de que esto va a petar. No me digas que no te avisé. Lo que sucede es que estáis tan cegados por la ambición que no os dais cuenta. Es lo mismo que te ha pasado con tu novia. No hay peor ciego que el que no quiere ver, dicen.

-¿Y quién dice eso? ¿Otro santo, acaso?

-No. Lo dice el refranero popular. La sabiduría de los siglos, que es más sabia que todos los santos juntos.

Después del pelotazo, Andrés consiguió que varias de las principales fortunas del país decidieran participar de su pastel inmobiliario. Esa fue la primera vez que lo incluyeron en la lista Forbes. Pero sus planes no se quedaban aquí. Era ambicioso. El mercado estaba al rojo vivo y había que tomar parte de aquel gran negocio.

Por supuesto también había tiempo para el disfrute. Desde que las grandes fortunas entraron en el capital, el dueño de la titánica empresa Fesmosa se dedicaba a montar cócteles con sus nuevos socios para intercambiar impresiones del sector; del último modelo del jet que habían adquirido; de arte; de mansiones; de viajes... Era fácil ver en la agenda de Andrés apellidos como Botín, Koplowitz, Oliu, junto a otros que antaño sólo había visto en la prensa, pero que ahora le invitaban a sus fiestas y le miraban como a su niño mimado.

Sin embargo estaba solo. Elia y su hija se habían marchado. El día que regresó a casa después de su éxito, ellas, sencillamente, no estaban allí. Y por no dejar, no dejaron ni una triste nota. Pero no le importó. Y eso le sorprendió. La verdad es que todo aquel mundo de riqueza y glamour era una buena anestesia para los dolores de su desastrosa vida matrimonial y familiar. Estaba tan ocupado yendo de fiesta en fiesta que no tenía tiempo para echarlas de menos.

Pero un día un poderoso impulso se apoderó de él y la llamó.

-Hola cariño…

Ella le colgó.

Intentó hablar con sus suegros. Pero no fueron muy amables.

-¿Qué esperabas? –se dijo.

Tras mucho insistir, consiguió hablar con ella.

-Hola Elia.

-Hola Andrés.

-¿Cómo estás?

-Estoy bien.

-¿Y Marta?

-Te echa de menos.

-Yo también os echo de menos.

Silencio.

-Quiero que volváis a casa.

Silencio.

-Elia, dame otra oportunidad. Todo será diferente y vivirás como no lo has hecho en tu vida. Las cosas me van muy bien.

-Lo sé. He leído los periódicos y quiero felicitarte por tu éxito. Yo, más que nadie, sé que has trabajado mucho para llegar donde estás.

-Sí, mi vida. Pero todo esto ha sido por vosotras, para garantizar vuestro bienestar.

-¿Sabes una cosa? —dijo Elia.

-¿Qué, mi vida?

-Tengo una amiga cuyo marido se ve obligado a tener dos trabajos para ganarse la vida.

-Lo siento —dijo Andrés.

-Es realmente un drama —continuó ella-, porque si él no trabaja catorce horas diarias, su familia no puede comer. Yo les ayudo cuando puedo, pero no es suficiente. Mi amiga casi no ve a su marido. Pero sabe que se está sacrificando por ellos.

-Claro que sí.

-Pero no es tu caso, Andrés —lapidó ella-. Tú no necesitabas trabajar catorce horas diarias. Con tus ingresos nos daba para vivir bien. No me engañes. Ya estoy cansada de mentiras. Si trabajaste así, no fue por nosotras.

-¡Te equivocas, cariño!

-Puedes decir lo que quieras. Ya no importa. Todo ha acabado entre nosotros.

-¡Lo hice por ti! ¡Por Marta!

-¡Lo hiciste por ti mismo! —lloró Elia al otro lado de la línea- ¡Por ti y por tu jet privado y por tu empresa de mierda! ¡Marta sólo quería a su padre! ¡Y yo sólo quería a mi marido!

-¡He trabajado muy duro por mi familia! ¿Y así me lo agradeces?

Y colgó.

Andrés no podía contener su furia. Elia había metido el dedo en la llaga, y en el fondo sabía que ella tenía razón. Pero no se lo podía reconocer. No en aquel momento. Tal vez en un futuro lejano. Pero de ningún modo en aquella conversación telefónica.

Un mes después Andrés recibió una llamada de Mario. El banquero estaba muy alterado, su voz sonaba rasgada, como si alguien estuviera haciendo jirones con un pedazo de tela vieja. Entre sus palabras se desprendía un halo de inquietud. Estaba entre cabreado y aterrorizado.

-¿Dónde coño estabas, Andrés? ¡Llevo toda la semana buscándote! —dijo el banquero.

-He estado ocupado, ¿no te he dicho con qué gran empresario me fui a Dubai en mi jet privado de vacaciones? –contestó el empresario.

-¿Cómo que de vacaciones?

-¡Joder, no todo es trabajar Mario! Lo hemos conseguido. Relájate, ¿quieres?

-Mira Andrés, sólo nos queda un mes para colocar esto a otros bancos, y tú tienes que darlo todo hasta entonces, no podemos relajarnos ahora, aunque tengas el dinero ¡aún no hemos terminado, joder!

-Vale, vale tranquilo. Te ayudaré, ¿qué quieres que haga?

-No es cuestión de que me ayudes. Tienes que cambiar de actitud.

-¿Qué problema tienes? ¿No encuentras a quien colocarle la deuda?

-Llevo semanas trabajando y no hay resultados. El tiempo se acaba. Y no es sólo mi problema. También es *tu* problema.

-Mira Mario, no entiendo muy bien por qué es mi problema. Se ha hecho un buen trabajo. Los inversores han cubierto toda la ampliación de capital y los bancos han soltado la pasta. Ya lo tenemos, ¿vale? Ahora es cuestión de gestionar y crecer. Además, ya sabes que nos abren todas las puertas, seremos la nueva empresa del Ibex-35, estamos de moda, ¡estamos en la cima, coño!

-Mira Andrés, esos bancos que han soltado la pasta, son básicamente el mío, ¡y joder! ¡El compromiso que firmaste es que te la dábamos con la condición de colocarla en tres meses a otros bancos! ¿No ves que si no la colocamos a mi me cortan las pelotas?

-¿A qué viene tanto miedo? Si no colocáis la deuda a terceros os quedaréis vosotros con una inversión cojonuda.

-Mira Andrés, tu empresa de mierda no vale eso. Y nunca lo valdrá. No puede devolver tanta deuda. Mi banco no piensa comerse todos esos millones para que tú juegues. No. No vamos a comernos ese marrón. ¡Me cago en la puta! ¡Tenemos que vendérselo a otros!

-Mira Mario –dijo Andrés con irritación-, ese sí que es tu problema. Si te has planificado mal, es tu error, no el mío. Yo he hecho todo lo que me pediste. He trabajado como una animal durante meses. He perdido a mi familia por todo este asunto. Así que no me vengas con gilipolleces. Te ayudaré, pero quiero dejar bien claro que es tu trabajo, tu parte del plan, no la mía. Yo ya he cumplido.

-Te equivocas. Si yo caigo, detrás vas tú. Ten en cuenta lo que te digo: irán a por ti. Las garantías de toda esa pasta son tus acciones, ni más ni menos, así que hay que seguir trabajando. No me estás ayudando, estás salvando tu propio culo.

-Vale. Dime a qué reuniones tengo que ir. Yo comparezco, les soltamos el rollo y ya está.

-Eso espero, de lo contrario estamos bien jodidos – aseguró Mario.

-Todo saldrá bien, ya lo verás.

-Vale, te aviso en un par de días cuando mi secretaria haya montado la agenda con todos los "meetings".

-Pues venga. Y tranquilo, ¿vale? Nos vemos la semana que viene.

-Estamos en contacto.

Y colgaron.

-Gilipollas –dijo Mario cuando ya nadie podía oírle.

Capítulo VIII: Crisis

El tiempo pasaba y la cosa no hacía sino empeorar. La palabra crisis sobrevolaba el mundo de las finanzas, pero hasta ahora nadie la había pronunciado. Se hablaba de "desaceleración", "dificultad de crecimiento" y esos eufemismos que tanto gustan a los que no quieren dar la voz de alarma. Sin embargo todos sabían que los bancos locales ya estaban al límite de su capacidad para absorber nueva deuda, y los bancos internacionales empezaban a desconfiar de las inversiones en España, especialmente de todo lo relacionado con el mercado inmobiliario.

-¿Cómo ha cambiado todo el escenario en tan poco tiempo? —se preguntaba Mario.

Era previsible que esto pasara algún día. Pero no tan rápidamente. A Mario se le acababan las alternativas. Ya había sondeado prácticamente a todos los bancos, fondos de inversión y "hedge funds" que su equipo había rastreado. Y nada. Ninguno parecía dispuesto a embarcarse en nuevas aventuras a estas alturas de la "desaceleración".

Por eso Mario entró muy despacio en la sala de juntas. Ese día había Consejo con el resto de socios. Parecía que todos le estaban esperando, y no con entusiasmo, precisamente. El que hasta hace poco tiempo era el líder indiscutible de aquellos tiburones sanguinarios, parecía ahora la carnaza que todos esperaban devorar. Mario se había convertido en el causante de las desgracias del banco. Y tal vez, en el chivo expiatorio de la crisis que veían asomar en un horizonte no demasiado lejano.

-Bueno Mario, ¿alguna novedad sobre el Proyecto Ibex-35? –preguntó el presidente.

-Estamos iniciando una nueva ronda de contactos con una nueva lista de potenciales inversores –respondió Mario sin demasiada confianza.

-Vamos, que nada… –susurró uno de los socios.

-Sabéis que el proyecto es una gran oportunidad, no entiendo por qué tantas preocupaciones y nervios –dijo Mario-. Os recuerdo los 50 millones de euros que ya hemos cobrado en "fees" por el proyecto. Eso es un "bonus" cojonudo para cada uno de vosotros. La deuda puede llevar más tiempo, pero el proyecto es bueno y se colocará sin problemas –mintió.

-¿Qué importan 50 millones si tenemos 1.000 que no sabemos cuándo los podremos recuperar, o peor aún, si los recuperaremos algún día? –preguntó el presidente del consejo- El problema es que no nos queda tiempo. La CNMV y el Banco de España nos están exigiendo reducir posiciones con este cliente. Mario, sabes que tenemos un riesgo inasumible con Fesmosa. Hay que sacarlo ya del balance o habrá que tomar medidas más radicales.

En realidad, el presidente ya no confiaba en colocar la deuda. Y ni él ni nadie sabía en que podían consistir esas medidas radicales, salvo una, por supuesto; una que hacía referencia a la posición de Mario en el banco…

-¿Medidas radicales? –dijo Mario aludido- Ahora os escondéis detrás del sofá, pero qué valientes estabais cuando todo iba de cara. Este banco es lo que es gracias a todas las operaciones que he cerrado en estos últimos años. Si por vosotros fuera todavía seriamos un banco de barrio, haciendo "M&A" con la panadería de la esquina – reivindicó.

-Tranquilo Mario –dijo el presidente-, nadie ha dicho que te estemos culpando a ti. Quizás hemos asumido más riesgo del que deberíamos. El problema es que tenemos en breve algunos vencimientos y necesitamos los 1.000

millones para hacerles frente. También está la presión de la CNMV y del Banco de España. Eso descontando que sin liquidez seremos presa fácil de algún competidor. Y no quiero ni pensar en una posible intervención.

Mario salió de la reunión dispuesto a dar guerra hasta el final. Su cabeza era un torbellino de pensamientos y alternativas. Se sentía como si estuviera jugando diez partidas de ajedrez al mismo tiempo.

Por su parte, Tomás sentía algo extraño en su interior; algo que no había sentido antes y que para él era muy difícil de explicar. Por un lado, amaba lo que hacía y pensaba que estaba en el mejor lugar del mundo: la banca, el sector financiero. Pero por otro, albergaba dudas sobre ese mismo sector, dudas en cuanto a la honradez, y en cuanto al sacrificio que implicaba. El asesor estaba dispuesto a trabajar duro, a dejarse la piel en los proyectos. Pero no estaba dispuesto a perder a su novia, a abandonar su vida privada, su ocio, y, por decirlo de una manera poética pero muy real, perder de vista la luz del día.

Por eso estaba triste y contrariado en mitad de un proyecto que debería ponerle las pilas y obligarle a dar lo mejor de sí. Tras estos pensamientos decidió que necesitaba un café y salió a la calle a respirar un poco de aire fresco. Allí, como de costumbre, se metió en el bar El Oráculo.

-Te invito a una copa –dijo Horacio nada más verle.

-Mejor un café. Solo.

-Claro.

Empezaron a hablar.

-No duermo bien por las noches. Estoy constantemente nervioso, alerta, en tensión –dijo Tomás.

-Estás estresado –dijo Horacio-, al borde de una crisis nerviosa.

-¿Tú nunca te estresas?

-Hace ya muchos años que no me pasa –dijo el Oráculo-. Yo era como tú. Me dejaba la piel en lo que hacía, pero ya no. No tengo nada, y por lo tanto, no tengo nada de lo que preocuparme.

-Ya tienes tu huerto –afirmó Tomás.

-¡Eso es! –contestó el Oráculo animado- ¡Mi huerto! ¡Mi libertad! ¡La vida que siempre he soñado! –gritó levantando una caña que escondía bajo la barra y desbordando su contenido por doquier.

-¿Eres feliz?

-Claro que sí. Pero tú no lo eres. Se te nota. Deberías conseguir tu huerto –le aconsejó el Oráculo.

-Tal vez tengas razón, pero antes tengo que solventar un problema.

-¿Hablas de tu banco, verdad?

-Sí. No conseguimos colocar la deuda y nuestro cliente, Andrés Canals, no está por la labor.

-Ya veo. Si debes un millón al banco, tienes un problema. Si debes mil millones, es el banco es el que tiene un problema –dijo el Oráculo.

-Una frase un poco trillada, ¿no?

-Un poco. Pero viene al pelo para ilustrar lo que sucede en tu banco.

-Cierto.

-Desde hace un tiempo tengo hecha esta reflexión acerca de la especulación –propuso el Oráculo-: verás, si la idea es deshacerse de las deudas, vendiéndolas, engañando, sobrevalorando el capital, ¿dónde terminará esto? ¿Quién será el último primo en comprar un agujero negro que se ha vendido bajo la máscara de una estrella muy brillante? De momento el último de la cadena es tu banco. ¿Podrán colocarlo? No lo sé. Pero me temo, amigo mío, que al final, pagaremos todos.

-Me asustas –dijo Tomás-. Desde que te conozco, todas tus previsiones se han cumplido, ¿quién cojones eres?

-Sólo un camarero que tuvo el mundo en sus manos.

Tomás le miró con respeto. Ya era tarde.

-Tengo que irme. Nos vemos –dijo.

-Adiós banquero.

-Adiós Oráculo.

Mario entró en la sala de los analistas.

-¿Dónde está Tomás? –preguntó.

-Ha ido a tomar un café, todavía no ha vuelto –dijo un compañero.

-¡Estoy aquí! –dijo Tomás entrando por la puerta y dejando la americana colgada del perchero.

-Tomás –empezó Mario -, necesito que calcules rápido cual sería el valor de una opción de compra de Fesmosa con la volatilidad actual, un plazo de 3 años y un precio de ejercicio igual a la cotización actual. Bueno, hazme un cuadro de sensibilidad con precio de ejercicio y plazo de 1, 3 y 5 años.

-Claro –dijo Tomás- ¿tienes alguna idea?

-Por supuesto, ¡apúrate!

Mario había visto una salida que nadie más que él era capaz de ver. Tomás se puso a ello, le llevaría un rato y tendría que hablar con bastante gente antes de poder dar un valor a su jefe. No podía fallarle. No quería que las previsiones del Oráculo se cumplieran.

-Que le explote en las manos a otro –pensó.

Por su parte, Mario sabía que aquella era su última oportunidad. Doble o nada. La idea era sencilla pero arriesgada y, si salía bien, todos saldrían ganando. Iba a pedirle a Andrés que, con parte del dinero que había ingresado, comprara al banco una "opción de compra" sobre acciones de su propia empresa por un valor de 200 millones de euros. Aunque, en realidad, no era una "opción de compra", sino una compraventa aplazada, es decir, el banco compraría ahora las acciones y se las vendería a Andrés dentro de un máximo de tres años. Lo cual representaba una cobertura perfecta para la entidad.

Esto suponía más "fees" para sus socios, lo que permitiría tranquilizarlos e, incluso, ganárselos de nuevo. Además era mejor tener 200 millones de euros en acciones y poder sacarse parte de la deuda, que los 1.000 millones de una deuda que, tal y como había demostrado el mercado, era absolutamente incolocable.

Andrés, por su parte, si todo iba bien, también saldría beneficiado. Para ello simplemente tendría que desembolsar una parte de la enorme fortuna que disfrutaba, pues el precio de la acción desde que se completó la operación no había hecho más que subir sin parar. Estaba en una nube y Mario podía convencerlo para que lo hiciera, no le cabía ninguna duda de ello. Y cuando el banco, comprara las acciones (que Andrés se comprometía a adquirir "a futuro"), haría subir su cotización en el mercado; cotización que últimamente estaba dando claros síntomas de debilidad, tras haber tocado niveles estratosféricos.

Pero lo bueno del nuevo plan es que incluso Mario pensaba sacar una nueva tajada. Ya saboreaba sus "fees" y casi los tenía metidos en el bolsillo. Una buena fortuna, cabe decir. Sin embargo, todos los días veía cómo la situación en el banco se complicaba. Por eso utilizaría su nueva fortuna para jugar sobre seguro. Compraría acciones de Fesmosa justo antes de que lo hiciera el banco, y así, sacaría provecho de la subida que se iba a producir.

-Lo conseguiré –se dijo Mario, quien se fue a celebrar su idea con una copa en un bar de la esquina.

El lugar le pareció pequeño y sucio. Pero allí, copa en mano, continuó dándole vueltas al asunto.

-Los bancos verán con buenos ojos que se capitalice en acciones parte de la deuda a través de nuestro banco – se dijo-. Yo me encargaré de venderlo como una toma de participación accionarial por parte del banco en la compañía. La cobertura de la posición con la venta de las opciones a Andrés es algo que pasaré por alto, el "Loan to

Value" descenderá, lo que facilitará que los bancos hagan la operación. Todos ganamos. Y yo me quito este marrón de encima.

-*Radix omnium malorum est cupiditas* –dijo alguien a su espalda.

-¿Perdón, cómo dice? –preguntó Mario.

-La codicia es la raíz de todos los males, Timoteo 6, 10 –tradujo Horacio.

-Vaya, ¿y quién se supone que es usted? –preguntó Mario con la copa en la mano- ¿Una especie de gurú? ¿Acaso un fanático religioso?

-O nada de eso. Me llamo Horacio, aunque algunos me llaman "El Oráculo" y soy, era, banquero de inversión.

Mario le miró de arriba abajo. Aquel tipo parecía que había vivido toda su vida en una cloaca. Bebió otro trago.

-Banquero de inversión, ¿eh?

-Sé lo que está pensando –dijo Horacio-, que no soy más que un don nadie, un loco o un vagabundo.

-No, que va.

-Verá, no he podido evitar oírle susurrar. No lo haga. No capitalice la deuda. No se meta en más jaleos. Deje las cosas como están. Coja los millones de su "bonus" y lárguese a vivir la vida.

-¿Quién demonios es usted?

-Ya se lo he dicho, un ex banquero de inversión, como usted.

-¡Si, ya! ¡El puto Oráculo de Delfos! ¡Joder! ¿Por qué todos los locos me vienen a mí?

-Usted y yo no somos tan diferentes. De hecho, podría acabar como yo si no rectifica a tiempo, señor Anglada.

Entonces Mario se dio cuenta de que aquel tío algo rascaba.

-¿Cómo es que me conoce?

-Pasa por aquí delante todos los días. Además, su foto ha salido en los periódicos. El Proyecto Ibex-35, la ampliación de Fesmosa. Estoy al tanto de todo. Por eso le aviso de que se va a meter una torta de padre y muy señor mío… rectifique amigo mío, rectifique…

Y le cogió por las solapas de la americana, como un demente.

-Gracias por sus sabios consejos –dijo Mario con cautela, deshaciendo las manos del camarero de su americana y pagando la copa-. Tenga para que se tome algo a mi salud.

Dejó un billete de diez euros sobre el mostrador y se largó de allí.

-¡Maldito loco! –dijo en la calle.

Horacio había conseguido hacerle llegar a Mario su mensaje y en parte se sentía satisfecho. Pretendía evitar su caída, porque pensaba que a él le hubiese gustado que alguien evitase la suya. Pero Mario se había negado a escucharle. Aunque tal vez ya era demasiado tarde.

Al día siguiente, con los datos de Tomás en la mano, Mario le planteó al Consejo todo el asunto de la capitalización. Era una locura más del banquero, pero, como siempre, una locura que podía resultar muy lucrativa. Lógicamente, Mario hizo especial énfasis en los ingresos para la entidad por la venta de las opciones y en la garantía de colocar la deuda a otros bancos con este nuevo escenario. Dejó de lado los posibles riesgos, entre otros, que Andrés les recompraría las acciones con el propio dinero que el banco le había dejado. Y que todo eso no era más que un pez que se mordía la cola. Pero parecía que el resto de socios también querían obviar ese detalle. Todos menos uno, Ignacio.

Así se lo hizo saber después de la reunión.

-Me parece que estás desvistiendo a un santo para vestir a otro –dijo Ignacio.

-Espero que no sea así –le contestó el banquero-, si funciona todos saldremos ganando.

-¿Y si falla? –preguntó Ignacio.

-Si falla no hace falta que te diga lo que ocurrirá.

Si aquel plan no funcionaba, el resto de socios ya le habían encargado a Ignacio la ingrata tarea de ir preparando a Mario para lo que sería un elegante despido. Se convertiría, en ese caso, en la cabeza de turco de la codicia del Consejo.

A Mario le costó más convencer a Andrés que a su propio Consejo. Se encontraban en un restaurante de lujo de París, capital a la que habían acudido con el jet privado del dueño de Fesmosa. Andrés no perdía oportunidad de hacer negocios en ciudades "prime" y de paso codearse con el glamour. Allí, eligiendo muy bien el momento, Mario le planteó la cuestión de la capitalización.

-Mario, ya tengo una participación adecuada y tesorería para estar tranquilo, ¿para que tengo que liarme ahora?

-Mira Andrés, si la cosa se cae tú lo pierdes todo igualmente, pero si sale bien tendrás más participación en los beneficios o en la futura venta de la compañía. Tus socios te agradecerán este gesto. Ya sabes que con la caída de las acciones están empezando a perder dinero y necesitan ver que tú apuestas por la empresa.

-¿Y por qué no compro acciones en el mercado y menos lío?

-Recuerda que estás al límite de la participación, y con la nueva ley podrían obligarte a lanzar una OPA por el 100%, algo nada deseable en este momento. Con las opciones de compra de nuestro banco, la cosa cambia.

-Seguro que queréis sacarme la pasta... –se quejó Andrés.

-No. Sabes que contigo, en operaciones así, apenas cubrimos los costes. Además, los que asumimos más riesgo con esta operación somos nosotros.

-Mario, dime la verdad, ¿por qué haces esto?

-Nos caemos Andrés –dijo el banquero con una sinceridad que no era propia de él-. Tu empresa y mi inversión se van al carajo. ¿No lo has notado en la bajada de la cotización de tus acciones?

-Sí. Pero tú lo que quieres es que yo mismo compre parte de mi empresa para sacar adelante el marrón.

-Es más o menos así –reconoció Mario con un hilo de voz, tal vez apagado por el alcohol que últimamente no hacía más que beber en cantidades inauditas–. ¿Recuerdas lo del "flee float"? Gracias a que es bajo puede funcionar.

-Está bien –lo haré-, dijo Andrés con resignación.

No hubo risas, ni apretones de manos. Sólo tensión y silencio.

Mario convocó a una gran cantidad de bancos con la excusa de que había nuevas condiciones que cambiaban de forma significativa la operación. Quería contarles cuál era el nuevo escenario, porque estaba convencido que sería interesante y les permitiría hacer la operación con seguridad.

Esta vez los había reunido a todos a la vez. No había tiempo para más "one-to-one", sino que iba a ser una conferencia con un gran despliegue de medios.

Primero, Mario realizó una somera introducción, recordándoles que se habían hecho cambios en el diseño de la operación y que, entre ellos, y los nuevos proyectos que tenía la compañía, estaba seguro de presentarles un proyecto muy interesante y seguro. El banquero remarcó con diversas frases y eufemismos el concepto "seguro". La nueva situación del mercado lo requería.

Acto seguido habló Andrés para agradecer su presencia a todos aquellos banqueros, a quienes tenía que seducir por orden de Mario.

Luego le tocó el turno a Juan, el director financiero, quien desgranó uno por uno los proyectos en cartera, algunos realmente nuevos e interesantes, de los que apenas podían desvelar datos, pero que poseían un gran potencial, les dijo, obviando el hecho de que en realidad eran proyectos no del todo seguros; proyectos que hasta ahora habían ocultado a la CNMV. Con ello estaban en los límites de la legalidad. Pero era su última oportunidad y debían poner toda la carne en el asador.

Luego Andrés volvió a tomar la palabra. El empresario de Fesmosa remarcó algunos de los puntos fuertes de los proyectos por los que Juan había pasado, a su parecer, demasiado rápido. Se escuchaba mientras hablaba. Y le pareció bien, muy bien lo que decía. Por un momento recuperó toda la adrenalina y el entusiasmo de las primeras reuniones. Desbordaba optimismo, fuerza. Resultaba muy convincente, tanto que se convenció a sí mismo.

Finalmente, Mario entró de lleno en las nuevas condiciones del proyecto. Su banco iba a reforzar el capital. La deuda que se solicitaba ahora era de un importe menor. El "Loan to Value" pasaba de un 55% a un 40%, algo, a priori, mucho más asumible en ese momento por la banca. Y eso, sumado a los nuevos proyectos presentados por el director financiero, aumentaba la seguridad de cobrar el servicio de la deuda.

La verdad es que no podrían haberlo hecho mejor. Dadas las circunstancias, claro, porque el mercado estaba como estaba. Cuando terminó la presentación empezaron los aplausos. Inconscientemente, Tomás intentó medir la intensidad de los mismos como posible indicación del verdadero interés de aquellos banqueros. La gente se levantó. Los responsables de la operación bajaron a mezclarse con el resto. Era el momento de las reuniones informales, buscando el "feedback" inmediato, apuntalando el interés mostrado por alguno de ellos.

Andrés, Juan, Mario, Tomás y el resto del equipo, cada uno a su nivel, intentaron remar al unísono para hacer posible que se obrara el milagro: que saliera la operación. Repartieron datos, sonrisas y confidencias a diestro y siniestro.

-Es una gran oportunidad.

-Un negocio redondo.

-Debo reconocer que hay inversores extranjeros interesados.

Era realmente la última oportunidad, la única vía de agua que le quedaba al proyecto. Se caían. Hasta el mismísimo Andrés, que había tomado conciencia de todo aquello, lo sabía.

Capítulo IX: La caída

"Martes negro", "pánico en la bolsa", "los mercados se hunden", "colapso del sistema financiero", "la mayor bancarrota de la historia", "el paro aumenta sin freno", "recesión, inflación y paro", "los gobiernos salen al rescate de la economía", "acción concertada contra la crisis", "los banqueros se rinden"; ...esto reflejaban los titulares del momento.

Y de esto se hablaba en los despachos de la CNMV:

-¿Qué hemos hecho?

-Nuestro trabajo.

-¿Y por qué se está hundiendo el mercado?

-Porque nuestro trabajo no ha sido suficiente.

-Os equivocáis. Hemos dejado que el mercado se regule a sí mismo. No hemos sido los guías del capitalismo, sino sus destructores. Por culpa de nuestra incompetencia hemos dejado que el sistema se colapse. El sistema era un niño mimado. El sistema era un egoísta sin criterios. No tendríamos que haber mirado hacia otro lado. No. No tendríamos que haber permitido eso...

La espiral positiva se había convertido en un agujero negro, una vorágine de pérdidas y lágrimas. El dinero se esfumaba en el mercado cada vez a mayor velocidad. El Ibex había visto perder un 19% de su valor en apenas unas semanas, pero era un valor engañoso. Las cosas estaban muchísimo peor. La bolsa se sostenía por las principales empresas que habían conseguido aguantar el tipo hasta el momento. Fuera de este selecto club, algunas acciones habían perdido más del 50% de su valor. Entre ellas Fesmosa, otrora la estrella del sector y un ejemplo del éxito de la nueva generación, que ahora no podía evitar una sangría en su cotización.

Todos los accionistas que habían invertido en el proyecto veían que el valor de sus acciones se esfumaba, y todavía seguía bajando. Lo estaban perdiendo todo. Con la bajada de las acciones, aquellas opciones de compra que había adquirido Andrés ya no valían nada. En otras palabras, le obligaban a pagar 200 millones por algo que ahora apenas valía 80 en un mercado en constante descenso.

Pero aún quedaba tiempo para el vencimiento, para pagar, de modo que el empresario llamó a Mario para dar marcha atrás.

-¡Mario! ¡Dónde coño estabas! ¡Te llevo llamando desde hace días! ¡Esto se va a la mierda!

Ahora era Andrés el que estaba desesperado.

-Ya lo anunció el Oráculo de Delfos –dijo Mario con voz gangosa.

-¿El Oráculo de Delfos? ¿Mario estás borracho? –preguntó Andrés.

-¡Como una cuba!

-¡Cómo puedes beber en un momento así! ¡Las acciones de Fesmosa bajan sin parar! ¡Lo estamos perdiendo todo!

-Ya lo sé.

-Tómate un café y date una ducha, quiero hablar contigo cara a cara. Tenemos que dar marcha atrás a mi opción de compra sobre acciones de Fesmosa. Tienes que ayudarme.

-Lo siento pero va a ser imposible –contestó con voz de borracho.

-¡No seas cabrón! ¡Somos socios en esto! ¡Qué carajo! ¡Somos amigos!

-Te repito que va a ser imposible. Me han despedido.

-¿Cómo dices?

-Me han echado del banco, Andrés. D-e-s-p-e-d-i-d-o –dijo entre hipos y con ruido de cubitos de fondo-. De modo que estás sólo en esto. Ya te lo avisé. Ahora irán a por ti. Estás bien jodido, como yo. ¿Quieres venir y tomarte una copa conmigo? ¡Salud! –gritó Mario- ¡Por los perdedores!

Andrés le colgó y pensó que se había vuelto completamente loco. Entonces llamó a Tomás, el ayudante de Mario, con quien tanto había trabajado esos últimos meses. Pero no sirvió de nada. Tomás se había ido del banco, al igual que la mayoría de los que estuvieron involucrados en el proyecto Ibex-35. Las cabezas habían empezado a rodar y Andrés sintió peligrar su propio cuello. Sin darse cuenta se llevó la mano a la garganta.

-¿Qué coño puedo hacer? –se preguntó.

La salida de Mario del banco le había dejado sin valedores en la entidad, que ya no sentía ninguna complicidad con él. Nada les impedía tomar las decisiones necesarias para limitar al máximo el daño que pudieran sufrir con aquel proyecto. Sabían que tal como estaba el mercado, sería imposible para Andrés desembolsar los 200 millones que le obligaba la opción de compra, de modo que, tras algunas negociaciones con el empresario, pactaron que con 60 millones de indemnización y el resto en acciones de su compañía el acuerdo quedaba anulado.

Andrés no tenía muchas alternativas. Podía elegir entre perder 120 millones, que podrían ser más con el tiempo, o asumir un pago de 60 y perder acciones de su compañía. En su memoria, el recuerdo de Mario era cada vez más negativo. El banco intentaba maximizar los ingresos antes de que llegara la quiebra.

Y la espiral siguió su curso lógico. Para hacer frente a esa indemnización millonaria, Andrés se vio obligado a vender acciones de su empresa en el mercado, y aunque de entrada no transcendió el nombre del vendedor, el impacto en la cotización fue devastador: más de un 30% de caída en una jornada.

Entonces se convocó un consejo de administración de urgencia de Fesmosa a instancias del resto de accionistas. Sabían que un paquete como aquel sólo había podido venderlo uno de los mayores accionistas, presente, por lo tanto, en aquel consejo. La desconfianza crecía. Algunos amenazaron con vender a mercado sus participaciones. Otros con dimitir del consejo. Todas las opciones supondrían la estocada final. De modo que Andrés confesó su situación. Es decir, confesó lo que había hecho. Las grandes fortunas se sintieron asqueadas por aquella necesidad tan desesperada. Andrés se destapó como uno más del montón. Cayó desde lo alto del Olimpo a los pies de aquellos apellidos ilustres, quienes estaban convencidos de que nunca pasarían por esa necesidad, por esa vergüenza.

Andrés había terminado de cavar su tumba. Le convocaron para otra reunión de urgencia aquella misma noche en la casa particular de uno de los consejeros que hasta hace poco había sido el punto de encuentro de cócteles y fiestas. A eso de media tarde ya estaban todos menos Andrés. Sí, faltaba la víctima. El consejo se sentía engañado, estafado por el empresario. Ya no podían tolerar por más tiempo que sus nombres se vieran cada día en los periódicos vinculados a Fesmosa, la empresa que se estaba convirtiendo en el símbolo de la especulación, la codicia y el fracaso. La decisión estaba tomada y se ejecutaría aquella misma noche.

Cuando Andrés llegó, lo primero que hicieron fue obligarle a dimitir como presidente de la compañía y del consejo. Después le anunciaron que no podría participar en una ampliación de capital de 300 millones de euros, necesaria para asumir pérdidas, con lo que su posición en la empresa quedaría reducida a algo simbólico. Y por último, le anunciaron que se cambiaría el nombre de la empresa y se renegaría de su gestión de los últimos años.

Aquello fue lo más doloroso para Andrés. La empresa familiar que había fundado su padre ya no existía. Se había perdido para siempre. Su antiguo plan de negocio ya no servía para los nuevos tiempos. El objetivo del consejo se ceñía a limitar las pérdidas, contener la cotización, y dejar de ser noticia. Además, la posible disolución estaba en la hoja de ruta, aunque era un objetivo algo más lejano.

Andrés quedó paralizado. Todo por lo que había luchado en los últimos años se había esfumado. Había tocado el cielo y le acababan de cerrar las puertas en las narices. Había pasado de estar en la cima a deslizarse por el fango. Descubrió que la amistad forjada a base de rentabilidades y favores dura lo que tardan en llegar las pérdidas.

Aquella noche la vuelta a casa fue muy lenta. Y resultaba extraño, porque en aquel momento de desolación no pensó en Mario, ni en su proyecto Ibex-35, ni en la pérdida de su empresa; sino que se acordó de su mujer y de su hija ¿dónde estarán? Tenía ganas de abrazarlas.

Capítulo X: El Ave Fénix

Mario se pasó diez días borracho como una cuba, despidiéndose de la cima que con tanto esfuerzo había conquistado. Había caído desde muy alto y ahora se arrastraba por el fango. La mayor parte de lo que había invertido comprando acciones de Fesmosa se esfumó con la bajada de la cotización. Pero además fue denunciado por su ex banco, acusado de utilización fraudulenta de información privilegiada. Desde luego, a Ignacio le pareció muy sospechoso que las acciones de Fesmosa empezaran a subir justo antes de que el banco comprara. No podía ser de otra manera: Mario había comprado acciones antes que nadie para beneficiarse de su posterior subida.

Después de analizar todas las pruebas, el juez no tuvo dudas, y le condenó de una forma ejemplarizante. El ex banquero se pasó cuatro años en la cárcel. Cuando salió lo había perdido todo. Su prestigio, su dinero y su dignidad. Durante un tiempo no se supo nada de él. Sencillamente desapareció como el humo.

Andrés se había portado como un auténtico imbécil y todo su razonamiento al respecto lo había llevado acabo en una mañana de domingo. Esa mañana se despertó con la imagen de Elia y Marta metida en la cabeza y se dio cuenta de que eran mucho más importantes que tener una empresa en el Ibex-35. Mientras estaba en la cresta de la ola no se había dado cuenta de ello, pero ahora, en su descenso a la nada, se sorprendió porque no pensaba en la gloria ni en la riqueza perdidas, sino en el amor que dejaba atrás; un amor que tomaba la forma de su mujer y su hija, la voz de su mujer y de su hija, y la risa de las dos personas que más quería en el mundo.

Por eso, lo primero que hizo al levantarse de la cama aquella mañana de domingo, fue marcar el número de teléfono de sus suegros y hablar con Elia.

-Fui un completo subnormal –le dijo a su mujer.

-Sí –dijo ella; y colgó el teléfono.

Después, durante los días siguientes se dedicó a llamarla y a abordarla por la calle pidiéndole perdón, a pesar de que tenía ciertas responsabilidades que debía solucionar derivadas de su antigua empresa, formalismos a los que desatendió, porque Elia y Marta pasaron a convertirse en su prioridad.

En una de las ocasiones que consiguió hablar con ella le dijo que había vendido el jet privado y que ya no tenía ninguna empresa a la que atender, que ahora, a partir de ese momento, sólo se ocuparía de ellas.

-Ahora que no tienes nada, nos necesitas –le recriminó Elia.

-Siempre os he necesitado.

-Entonces ¿por qué nos trataste así? ¿Por qué nos dejaste marchar?

-Estaba cegado por la ambición, por favor, perdóname.

-Sólo vuelves porque no tienes ningún otro lugar a donde ir.

-No es cierto. Me debería estar ocupando de cientos de asuntos empresariales, pero yo sólo quiero volver con vosotras. Quiero que volvamos a ser una familia. ¿Sabes?, desde que todo se hundió no paro de pensar en vosotras. No pienso en el proyecto, ni en lo que tuve, ni en lo que podría llegar a ser. No pienso en mi padre ni en mi abuelo.

Es como si me hubiera liberado. No quiero saber nada de préstamos imposibles ni de castillos en el aire. Quiero trabajar para mantener a mi familia. Quiero volver con vosotras.

-Ya es tarde.

-No lo es. Dame otra oportunidad. No te decepcionaré.

-No puedo.

-Elia, te quiero.

Silencio. Ojos rojos. Ojos lacrimosos. Pupilas sobre otras pupilas.

-No es cuestión de amor. Yo también te quiero. ¡Pero me niego a volver a pasar por lo mismo!

-Si no a mí, por lo menos habría que darle otra oportunidad al amor –dijo Andrés.

Entonces hubo un silencio; uno de esos silencios deliberativos que te pueden cambiar la vida; un silencio denso y mágico al mismo tiempo; un silencio que sólo se rompió con los ojos de Elia, que se volvieron vidriosos y frágiles y que parecía que al llorar no derramaban lágrimas, sino ternura.

-Adiós Andrés –se despidió Elia.

Tomás dejó el banco y no le costó encontrar un nuevo empleo en otra entidad. Durante las entrevistas con los socios se dio cuenta que la filosofía que tenían encajaba perfectamente con sus ideas. El lema de aquella entidad reflejaba el espíritu que le llevó a meterse en la banca. De pronto se sintió como un viejo abogado que, tras un período de escepticismo, había vuelto a creer en la justicia.

Seguía en el sector, en un banco más pequeño, es cierto, pero se había convertido en director de la división de banca de inversión. Sus nuevos socios valoraban mucho su experiencia en el mercado de valores. Él, por su parte, sentía que había completado una etapa. De alguna manera, a pesar del desastre del proyecto Ibex-35, estaba orgulloso de todo lo que había aprendido. A pesar de todo, cuando lo recordaba sentía que le habían absorbido el alma y eso era más de lo que estaba dispuesto a entregar. Ahora una parte importante de sí mismo la compartía con su mujer, Andrea.

-Quizás algún día podríamos dar el pelotazo con este banco –pensó.

Porque si bien no el alma, sí que estaba dispuesto a dejarse la piel en su trabajo. Aunque desde luego, su "target" serían empresas más pequeñas.

Andrea se dio cuenta de que con su nuevo empleo Tomás tenía más tiempo para ella. Entre semana cenaban todas las noches frente al televisor viendo una buena película. Y los fines de semana se dedicaban a dar largos paseos por Madrid, disfrutando de su arquitectura, sus parques, sus tiendas y sus restaurantes. Es cierto que algunos fines de semana Tomás tenía que trabajar, pero siempre iba con cuidado para no distanciarse otra vez de ella. Y así, su felicidad y su motivación dentro y fuera del banco, le hicieron trabajar con más ahínco y entusiasmo.

Sólo había una persona a la que Tomás echaba de menos: Horacio. Por culpa de la crisis su bar había cerrado. Ya no le veía y notaba en falta sus alocadas ideas (por otro lado acertadas) sobre la crisis y la economía-ficción.

También decidió empezar a dar clases de finanzas en la universidad, mantenía el contacto con un antiguo profesor suyo que le ayudó a empezar. Como profesor pensaba que a lo mejor podía enseñar algo de todo aquel desastre a las futuras generaciones de banqueros. Era una de las más reconocidas universidades en Dirección de Empresas, estaba llena estudiantes de gran talento y ambición, pero él quería que esa ambición fuera bien canalizada.

En clase a Tomás le entusiasmaba contar su experiencia en el proyecto Ibex-35 y su visión sobre las finanzas y la crisis de 2008. Y aquel año no iba a ser distinto.

Se dirigía a la Universidad cuando un vagabundo se le acercó, poseído, cogiéndole la mano. Olía a alcohol y a mugre y le pareció entender que le llamaba por su nombre. Tomás se asustó, retiró su brazo con fuerza para liberarse de él y aceleró el paso. Con el corazón encabritado le vino de nuevo a la mente la cara de aquel vagabundo, tenía los ojos de alguien que conocía. Era Mario.

-Pero no puede ser Mario, eso es imposible. De todos modos, bajo esos pelos mugrientos, esa barba tan poblada y esa piel como escamas es difícil hasta reconocerse a uno mismo –pensó Tomás.

Y siguió su camino para, una vez en clase, contar su historia a sus alumnos y debatirla con ellos.

-¿Alguna aportación? Sí, Gabriel, tú que opinas –dijo Tomás al joven que había levantado la mano.

-Para mí una de las primeras cosas que deberían plantearse, tal y como dijo el ex presidente George Bush, es la siguiente: ¿debemos cambiar un sistema que ha proporcionado ingentes éxitos y beneficios durante sesenta años sólo porque haya entrado en crisis?

-Por supuesto –replicó alguien-. Esto no es una crisis. Es una debacle, ¿sabes la cantidad de personas que han perdido su empleo? ¿Sabes que por culpa del sistema capitalista más de la mitad de la población mundial vive por debajo el umbral de la pobreza?

-No me vengas con esas. Siempre se han producido crisis. Tal vez deberíamos asumir que cada 80 años se producirá una gran depresión como la que estamos sufriendo o la que se sufrió en 1929.

-Eso es lo mismo que situarse en el negativismo, la sinrazón y el inmovilismo. Que existan crisis no significa que haya que resignarse a ellas. Debemos reformular el sistema capitalista para prevenirlas, o al menos minimizarlas. Debemos impedir la especulación salvaje, los paraísos fiscales, los "bonus", y los altos sueldos de los directivos.

-Por supuesto que debemos retocar el sistema. Pero no creo que esas medidas sean el camino –aseguró otro.

-¿A no?

-No. Primero hay que salir del agujero. Los estados deberían inyectar más dinero público en el sistema financiero.

-No. ¡Qué se pudran! –dijo una voz. Y luego-: perdón… me acaloro con facilidad. Lo que quiero decir es que me parece increíble que el liberalismo y el libre mercado quieran privatizar las ganancias por un lado y colectivizar las pérdidas por otro. ¡Esas no son las reglas del juego! Se han arriesgado ¡Ahora que paguen! ¡No, el Estado no debería intervenir!

-En otras palabras: cuando todo va bien las empresas y los bancos se quedan con los beneficios. Pero cuando va mal llaman a la puerta de papá Estado, ¿te refieres a eso?

-Sí. Veréis, cuando yo no puedo pagar mi hipoteca el Estado no me ayuda., ¿por qué debe ayudar al sistema financiero?

-Porque todo descansa sobre el sistema financiero –se alternaban las opiniones de los alumnos.

-Tal vez no debería ser así. Tal vez el sistema no debería descansar sobre los bancos, sino sobre el Estado.

-¡Hablas de nacionalizar!

-Sí. De eso estoy hablando. De nacionalizar los bancos. E incluso de crear una Banca Pública Nacional.

-Si piensas así no se qué haces en esta Universidad –susurró alguien.

-Vivimos en un mundo que está boca abajo. Las reglas del juego han cambiado. Los socialistas quieren a la banca y los liberales quieren al Estado.

-Recordemos, señores, que todo es por culpa de los especuladores, como en el caso Fesmosa.

-Por supuesto. Ese tipo de gente ha sido la que nos ha sumido en la peor crisis de todos los tiempos. ¿Cómo es posible que un sistema permita valorar una empresa por encima de su valor y que nadie diga nada? ¿Para qué sirve la CNMV si alguien mínimamente inteligente se la puede saltar a la torera?

-La CNMV y los políticos estaban mirando hacia otro lado. Se dejó hacer y el caso les estalló en la cara.

-Nos han engañado, nos han tomado el pelo.

-Son las reglas de nuestro propio juego.

-Sí, pero ¿quién ha puesto esas reglas?

-Los poderosos.

-Para mí es como si alguien hubiera mentido, diciendo que había más dinero en el mundo del que realmente había, y luego lo hubieran repartido. Y que en determinado momento, alguien lo reclamara y se dieran cuenta de que no existe y que de repente somos pobres como ratas.

-No me gusta tu ejemplo.

-No lo he puesto para que te guste. En cualquier caso ese Andrés Canals era un estafador.

En este punto, Tomás estuvo tentado a cortar el debate, o por lo menos a reorientarlo, pero no lo hizo, sentía curiosidad por saber a dónde conducirían aquellas reflexiones.

-No estoy de acuerdo. Yo creo que fue un hombre emprendedor que supo aprovechar las oportunidades que le brindó la vida. Alguien que supo ver el negocio donde nadie más lo vio.

-Se aprovechó de las leyes obsoletas del suelo que permitían edificar sin ser propietario del solar.

-Eso no es ilegal. Otros podrían haber hecho lo mismo.

-Todos eran unos corruptos.

-Andrés Canals no. Jugó con las reglas del juego, como todo el mundo. Y gracias a su inteligencia (y tal vez a un atisbo de suerte) entró a formar parte de la elite de este país.

-¿Alguien sabe qué ha sido de él?

-Yo sí. He oído que está en Uruguay y que ha vuelto a levantarse del suelo, construyendo una gran empresa, junto a un asesor llamado Horacio Hausen.

-Ese nombre... -Tomás no estaba seguro del apellido pero un escalofrío sacudió su cuerpo.

-¿Uruguay? Yo escuché Argentina.

-Os equivocáis todos, está en Brasil.

-En cualquier caso parece que vuelve a estar en el tablero. Es un ejemplo a seguir, un Ave Fénix.

-Al contrario, es un ejemplo *a no seguir*, le pudo la ambición.

-Por lo que a mí respecta ese hombre es el nuevo Dios de la economía.

-Já já já, sí ¡el Dios del fango!

-Bueno chicos, ha sido un placer dialogar con vosotros, pero va siendo hora de terminar con las intervenciones –cortó Tomás-. Me gustaría acabar este debate con unas palabras que pueden ilustrar el contenido de este tema –y leyó-: "La historia, que tiene la dolorosa costumbre de repetirse, ha enseñado a la humanidad que el exceso de especulación termina invariablemente en exceso de contracción y penuria. Si la orgía especulativa sigue adelante, el colapso final no sólo afectará a los especuladores, sino que provocará una depresión general que afectará a todo el país."

-¿De quién son esas palabras? –preguntó alguien.

-Son palabras de Paul M. Warburg, fundador de la Reserva Federal de los EEUU. Y fueron pronunciadas hace un siglo; palabras que vaticinaban otra gran crisis, la gran depresión de 1929; palabras que nadie escuchó. Palabras que vuelven a repetirse casi un siglo después y que no han envejecido, sino que siguen vigentes y rotundas. Porque el mundo lo construimos todos, pero lo destruyen los especuladores. Porque parece que la ambición y la codicia humana no tienen límites. Y como alguno de vosotros insinuaba hace un momento, se trata de una gigantesca Ave Fénix que renace una y otra vez de sus propias cenizas. Gracias por vuestra asistencia, nos vemos en la próxima clase.

Tomás tenía ganas de terminar, el nombre de Horacio Hausen le resonaba en la cabeza. Hacía mucho tiempo que no sabía nada de Mario ni del Oráculo. Aquella alusión en el debate de los alumnos le hizo querer tener noticias suyas. Se preguntaba si se habría girado la tortilla: Horacio convertido de nuevo en aquel asesor de antaño y Mario transmutado en el borracho loco que le pareció ver hace apenas unas horas. Y yendo más allá: ¿podría la ambición hacer resurgir de las cenizas a Mario? Y si todo aquello era cierto y Andrés Canals había resurgido en Uruguay, Argentina o Brasil: ¿empujaría de nuevo la ambición a Andrés y a Horacio a las llamas?

Entonces, en mitad de estos pensamientos, lo decidió, encontraría su teléfono y les llamaría aquella misma noche. Había pasado mucho tiempo, es cierto, y casi no se atrevía, pero antes hubiera sido imposible siquiera pensar en hablar con ellos, su mero recuerdo le agotaba; o era el recuerdo de toda la energía que perdió o le quitaron lo que le agotaba.

Quién sabe, pensó. La auténtica cuestión es que algo había cambiado en su interior y que ahora necesitaba saber de ellos. Sin pretenderlo, volvió a recordar a Horacio y sus divagaciones sobre la economía y la ficción; pero sobre todo recordó su sonrisa. Sí, Tomás atesoraba aquel gesto, aquella sonrisa limpia y sincera en lo hondo de su memoria; una sonrisa que siempre regalaba el Oráculo cuando pensaba que el mundo iba por el buen camino.

En su imaginación, Tomás estaba convencido de que Horacio se había unido al equipo de Andrés para salvarle de sí mismo, para salvarle de su ambición, para asegurarse de que no volvería a dar pasos en falso. Y pudo verlo con total claridad. En la distancia el Oráculo, por fin, sonrió.